PUBLICATION DE LA RÉUNION DES OFFICIERS

ÉTUDES

SUR

L'ART DE CONDUIRE LES TROUPES

PAR

VERDY DU VERNOIS

Colonel chef d'État-Major du 1er corps d'armée

TROISIÈME PARTIE

AVEC DEUX PLANS DE BATAILLE

TRADUIT DE L'ALLEMAND

Par A. MASSON, capitaine d'État-major

BRUXELLES

C. MUQUARDT, ÉDITEUR

HENRY MERZBACH, SUCC, LIBRAIRE DE LA COUR

MÊME MAISON A LEIPZIG

PARIS, J. DUMAINE

30, RUE ET PASSAGE DAUPHINE

1874

L'ART

DE

CONDUIRE LES TROUPES

TYPOGRAPHIE DE M. WEISSENBRUCH

IMPRIMEUR DU ROI

—•+•—

RUE DU MUSÉE, 11, A BRUXELLES

ÉTUDES

SUR

L'ART DE CONDUIRE LES TROUPES

PAR

VERDY DU VERNOIS

Colonel chef d'État-Major du 1er corps d'armée

TROISIÈME SECTION

AVEC DEUX PLANS DE BATAILLE

TRADUIT DE L'ALLEMAND

Par A. MASSON, capitaine d'État-major

BRUXELLES

C. MUQUARDT, ÉDITEUR

HENRY MERZBACH, SUCC^r, LIBRAIRE DE LA COUR

MÊME MAISON A LEIPZIG

PARIS, J. DUMAINE

30, RUE ET PASSAGE DAUPHINE

1874

TABLE DES MATIÈRES

I

II

III

IV

Voir la remarque indiquée dans la 2e partie, concernant les batteries de 4 et les batteries de 6.

DISPOSITION DU GÉNÉRAL COMMANDANT LE CORPS D'ARMÉE.

(De 11 h. 30 m. — 12 h. 30 m.)

Le général de division arriva à 11 h. 35 m. près du général en chef, qui se trouvait avec le général-major B... au sud de la chapelle St-Jean (sur le sommet 504). Il lui fit son rapport sur les événements qui s'étaient passés jusqu'alors, et sur la situation actuelle du combat.

Ses troupes étaient en situation de répondre immédiatement à toute intention du général en chef; leur position actuelle est indiquée dans le croquis n° 1.

L'ennemi ne paraissait nullement avoir renoncé à l'intention de prolonger sa résistance. Les bouquets de bois situés près de la chaussée, au nord, au nord-est et à l'est du village de Neu-Rognitz, ainsi que ceux de la carrière de Sorge, paraissaient encore fortement occupés par son infanterie. Une batterie était en position à la carrière de Sorge; deux autres se mettaient en batterie près de la lisière est de Neu-Rognitz, et inquiétaient par quelques obus isolés la position prise par nos troupes.

La mission et la situation du corps d'armée, ainsi que la nécessité de se tenir en communication avec la garde, qui devait atteindre Eypel dans la journée, ne permettaient pas de laisser l'ennemi se maintenir aussi près de Trautenau.

On apercevait déjà la tête de la 1re division sur la chaussée de Liebau, à l'entrée ouest de Parschnitz. Le commandant du corps d'armée, pouvant dès lors compter sur le secours prochain de cette division, résolut de continuer le combat avec les forces qu'il avait sous la main, et de marcher sans retard à une nouvelle attaque de l'ennemi.

Il prescrivit donc au lieutenant-général A... d'attaquer l'ennemi de front, tout en s'assurant la chaussée, et de chercher à envelopper son flanc droit. La 1re division s'avancerait pendant ce temps au nord d'Hohenbruck et à l'ouest de la chaussée, prête à soutenir cette attaque. L'ordre fut en même temps envoyé à l'artillerie de corps de se porter rapidement par la chaussée de Könighinhof jusqu'à Hohenbruck.

La brigade de cavalerie fut remise sous les ordres directs du commandant du corps d'armée. Avis en fut donné au lieutenant-général A..., ainsi qu'au commandant de cette brigade. Ce dernier reçut en même temps la mission d'assurer le flanc droit de la 2e division d'infanterie, qui s'avançait pour l'attaque, par la chaussée et à l'est de la chaussée, sans toutefois négliger d'observer la route de Pilnikan.

Sa conversation avec le général en chef sur les événements accomplis, ainsi que sur leurs projets ultérieurs, avait pris environ 20 minutes. A 11 h. 55 m., le lieutenant-général A... pouvait prendre ses dispositions.

En ce moment, le commandant de la 1re division, qui avait devancé ses troupes, annonçait au commandant du corps d'armée que la tête de son avant-garde avait passé l'Aupa et venait d'entrer à Trautenau. Son détachement de droite (1 bataillon de chasseurs, 1 escadron et deux pièces) avait atteint le pied du Galgenberg, après avoir passé à Nieder-Altstadt sans avoir rien vu de l'ennemi, et s'y trouvait déjà en bataille. On apprenait en même temps que l'artillerie de corps, à laquelle on avait envoyé l'ordre de hâter sa marche, n'arriverait pas aussitôt qu'on l'espérait. Comme elle marchait à la queue de la division d'infanterie, elle devait en ce moment être encore loin en arrière au delà de Volta. Vu ce retard, le général de division reçut l'ordre de faire venir aussi vite que possible ses 4 batteries montées, pour les porter en avant à l'ouest de la chaussée et appuyer ainsi l'attaque de la 2e division (12 h. 10 m.).

On vit aussi bientôt après se mettre en mouvement les bataillons de la 3e brigade d'infanterie, qui se trouvaient au sud de la hauteur (504). Au même moment, se présenta l'officier d'état-major de la 1re division d'infanterie de la garde. Il annonçait que cette division était en marche par la route de Schömberg, et que la tête de la colonne ne se trouvait plus guère qu'à environ 1/2 lieue de Parschnitz. Il demandait, en même temps, au nom de son chef, des renseignements sur la situation du combat, s'il y avait lieu de l'appuyer, et par où il pourrait le faire.

Le chef d'état-major du 1er corps d'armée informa cet officier des événements qui s'étaient passés jusqu'alors, et lui fit part des projets qu'on avait en vue; le général en chef ajouta : « Dites à votre général que j'espère, pour le moment, vaincre la résistance de l'ennemi avec mes forces sans grandes difficultés. Sa persistance à se maintenir aussi près de nous fait toutefois supposer qu'il attend encore des renforts. En toute éventualité, il me serait donc agréable que la division de la Garde prît, à partir de Welhota, la direction d'Alt-Rognitz, pour qu'elle soit à portée de me prêter son appui, s'il était nécessaire.

Ainsi renseigné, l'officier d'état-major retourna à midi 20 m., à la division de la garde. A ce moment, la tête de la première division d'infanterie arrivait au nord d'Hohenbruck, à la gauche de la brigade de cavalerie (près de la hauteur 336); son commandant la fit déployer. A midi 30 m., il n'y avait toutefois de disponibles que 2 bataillons de l'avant-garde, le bataillon des chasseurs du détachement de droite, le régiment de cavalerie porté en avant, et une batterie. Le 3e bataillon de l'avant-garde était encore en marche, les 3 autres batteries avaient bien déjà reçu l'ordre de se hâter, mais elles n'étaient pas encore arrivées. Le déploiement de toute la division, ainsi que de l'artillerie de corps, qui marchait avec une avant-garde particulière et avait à défiler par la ville, ne pouvait donc être terminé au plus tôt avant une heure.

CONSIDÉRATIONS SUR LES DISPOSITIONS DU COMMANDANT DU CORPS D'ARMÉE.

Ainsi qu'on l'a vu, le général commandant le corps, voyant le déploiement de l'ennemi à une aussi faible distance en avant de nous, persista à penser qu'il attendait de prochains renforts, s'il ne les avait même déjà reçus. Une telle appréciation des choses n'était pas en effet sans être très-fondée. Des hauteurs qui dominent Trautenau au sud, l'ennemi avait certainement vu complé-tement la marche et le déploiement de la 2° division d'Infanterie. Cette circonstance, jointe aux rapports des dragons de Windischgrätz, qui annonçaient aussi la marche d'une colonne sur la route de Liebau, avaient dû le convaincre d'une supériorité très considérable de l'adversaire.

Il n'y avait donc que des circonstances tout à fait particulières, qui pussent le déterminer à éten-dre son front pour recommencer le combat, après une courte retraite. *Car lorsque de grandes masses sont déjà déployées pour le combat, elles sont généralement forcées de se battre, lorsque l'ennemi s'approche, et la plupart du temps ne sont plus en état de pouvoir simplement se retirer.* Pour le faire, il faut se mettre en colonne de marche; on a besoin pour cela des routes et des chemins, et avant tout il faut en avoir le temps.

Il devient alors nécessaire de laisser en arrière des détachements pour protéger la retraite. Si l'ennemi attaque, ces détachements ne peuvent remplir leur mission qu'au prix de grands sacrifices, ou bien, s'ils ne peuvent tenir assez longtemps, ils sont rejetés sur les colonnes de marche en voie de formation. Le corps de troupes tout entier se voit alors forcé de combattre malgré lui avec toutes ses forces, et dans les plus mauvaises conditions.

Si l'on ne se résout à la retraite, qu'après que la ligne la plus avancée des troupes déployées est déjà engagée, la situation n'en devient que singulièrement plus grave, et d'habitude, la défaite est à peu près inévitable, si l'on ne possède pas une grande supériorité numérique pour contre-balancer le désavantage de la position. Ce sont là des situations, qui méritent toute la réflexion des commandants de grands corps de troupes et dont on ne tient pas compte dans les manœuvres, comme on devrait le faire à la guerre.

Le combat de Wissembourg, le 4 août 1870, nous fournit une preuve à l'appui. Pour s'opposer aux têtes de colonnes de la division bavaroise Bothmer, et des 5e et 11e corps prussiens, le général Douai déploya la faible division qu'il commandait et voulut combattre; il rangea 4 bataillons en 1ʳᵉ ligne, 5 en 2ᵉ; mais, dès qu'il se rendit compte de l'énorme supériorité de l'ennemi, ce général, à ce qu'il paraît, donna aussitôt l'ordre de la retraite. Mais, en ce moment, le combat s'était déjà des plus vivement engagé devant Wissembourg et sur la route; la retraite immédiate des troupes, qui y combattaient, n'était plus possible, et la plus grande partie des bataillons du 2ᵉ de ligne, qui devaient les recueillir, étaient aussi forcés de s'engager sur les hauteurs du Geisberg dans un combat, qui finit par la défaite complète de la division française.

Il n'y a que des circonstances particulièrement favorables, qui puissent présenter des exceptions, comme, par exemple, si l'on est fortement protégé devant son front par quelque accident de terrain, qui force l'adversaire à défiler et ne lui permette de rétablir sa position qu'après avoir traversé l'obstacle.

A Wissembourg, la place et le fossé de la Lauter n'étaient d'aucun secours en avant du front des Français, parce que l'énorme supériorité des Allemands et la direction de leur marche leur permettaient d'envelopper le flanc des Français, pendant qu'ils les attaquaient de front.

Dans le cas de notre étude, le terrain occupé par l'adversaire ne paraît pas même offrir une forte position. Il n'y a donc que des raisons tout à fait particulières, qui puissent le forcer à rester

déployé sur un large front. Il est possible que
quelques circonstances, que l'attaquant ne peut
entrevoir parce qu'elles se rapportent, peut-être
aux opérations de toute l'armée ennemie, forcent
l'adversaire à accepter le combat, même en pré-
voyant que l'issue pourra lui en être défavorable.
Raison de plus pour notre 1er corps d'armée de
profiter de cette situation. Mais il est encore plus
vraisemblable que l'adversaire a déjà reçu des
renforts ou qu'il en attend assez prochaine-
ment, pour lui permettre d'accepter la chance du
combat.

Il est donc naturel que le général commandant
le 1er corps d'armée se décide à continuer l'attaque, et tienne de prime abord toutes ses forces
prêtes. Certes, en agissant ainsi, on remet bien
en question la continuation de la marche projetée
sur Arnau ; mais pour le moment, les circonstances
ne permettent pas d'y songer. On ne peut prévoir
quelle sera la force, que pourra encore atteindre
l'adversaire aujourd'hui ou demain. La position,
qu'il occupe à une lieue seulement de Trautenau,
face aux débouchés, par lesquels passe l'unique
ligne de retraite du corps d'armée, lui permet
de la fermer à tout moment par le moindre mouvement offensif.

On ne peut pas davantage calculer combien il
faudrait de troupes pour garder ce point impor-
tant, dans le cas où l'on s'aventurerait à continuer
la marche. De plus, l'adversaire, posté à Neu-
Rognitz, menace la communication directe entre

Trautenau et Eypel, où sont dirigées les colonnes du corps de la garde.

La résolution, prise par le général commandant le corps, de continuer l'attaque, est donc complètement justifiée. Le combat dût-il prendre même de telles proportions, qu'il ne fût plus possible de porter en avant ce jour-là une partie du corps sur la route d'Arnau, cet inconvénient serait compensé par la victoire qu'on peut remporter sur des forces importantes de l'ennemi.

Il paraît tout aussi justifié, que toutes les forces disponibles soient tenues prêtes pour le combat, et que le général commandant le corps ne refuse pas le concours, qui lui est offert par la Ire division d'infanterie de la garde.

On ne peut jamais avoir trop de troupes sur un champ de bataille, quand il est assez grand pour permettre de les déployer. Plus on y a de forces, plus on a de chances de vaincre. La justesse de ce principe amène cependant quelquefois à une appréciation trop large. On entend souvent dire : on doit concentrer toutes ses troupes sur le champ de bataille; il faut faire plier toutes les autres combinaisons à l'avantage de remporter une victoire sur place. Si cela était toujours vrai, l'art de la guerre serait infiniment plus facile qu'il n'est en réalité.

Si, par exemple, la situation est telle que l'ennemi, en nous prévenant sur d'autres points situés en dehors du champ de bataille, neutralise tous les avantages que nous avons remportés, ou

2

même les fasse tourner à notre préjudice, on ne doit pas négliger de se dégarnir à temps d'une partie de ses forces pour s'assurer contre une telle éventualité; on doit donc, sur le champ de bataille même, renoncer à les faire venir.

Lorsque, après l'armistice de 1813, les alliés dirigèrent leurs opérations sur Dresde par la rive gauche de l'Elbe, Napoléon se trouvait encore avec le gros de ses forces sur la rive droite du fleuve. La possession de Königstein lui permettait de déboucher avec une partie de ses troupes sur les derrières des alliés engagés devant Dresde. La possibilité d'un tel mouvement aurait dû engager les alliés à laisser en face du débouché de Königstein des forces suffisantes, afin d'assurer leurs derrières. On en laissa trop peu et les alliés ne furent sauvés d'une catastrophe, que grâce à la bravoure des Russes, qui surent se sacrifier, et à d'autres circonstances particulièrement favorables.

Par conséquent, si la bataille exige autant que possible la concentration de toutes les forces, il peut cependant se présenter des cas motivés par l'ensemble des opérations, qui obligent à employer ailleurs une partie des forces. Mais ce qui n'est pas indispensable pour ce dernier but, appartient toujours là, où il faut décider une action.

Aussi un général ne doit pas décliner trop légèrement le concours qui lui est offert par d'autres troupes. On s'y laisse cependant entraîner par suite d'une fausse appréciation de la situation, souvent même par suite d'un certain orgueil, mal justifié, comme on le voit. C'est une fausse appréciation de cette nature qui, au combat de Trautenau, le 27 juin 1866, fit repousser le concours offert par la 1re division d'infanterie de la garde. L'histoire militaire offre beaucoup d'exemples semblables.

En effet, les caractères d'élite sont naturellement portés à vouloir arriver au but avec leurs propres forces, sans le secours d'autrui. Il arrivera aussi qu'un chef se dise : je veux vaincre avec mes troupes, sans partager la gloire avec d'autres ; peut-être même viendrait un général plus ancien, qui absorberait le commandement et l'honneur de la journée.

Qu'on ne dise pas qu'il ne faut pas avoir de pareilles idées. Cela est arrivé et cela arrivera encore, surtout tant que le combat prend une bonne tournure, et qu'on a la perspective d'obtenir un heureux résultat avec ses propres forces. Mais, à la guerre, il ne faut pas oublier que des changements surviennent rapidement, et alors, si le combat prend un aspect défavorable, tous les scrupules antérieurs disparaissent, et l'on est singulièrement soulagé en voyant les troupes, dont on a refusé la coopération, il y a un instant, venir à vous sur leur propre initiative.

D'un autre côté, il résulte de ce que nous avons dit plus haut, que le principe connu de marcher toujours au canon, peut aussi souffrir des exceptions. Ainsi il peut se présenter des circonstances, qui obligent de garder quand même en force un point, qui n'est pas encore attaqué par l'ennemi, et dès lors, les troupes qui s'y trouvent ne peuvent se porter qu'en partie au secours de leurs frères d'armes violemment engagés sur d'autres points, ou même doivent s'en abstenir. Le blocus de Paris en 1870-1871 offre nombre d'exemples de ce genre.

Les instructions, données par l'autorité supérieure aux chefs subordonnés, doivent être assez larges pour leur permettre d'agir, en pareil cas, suivant leur propre impulsion, de la manière la plus convenable. Mais, en général, on peut dire que la préoccupation dominante, quand on apprend qu'un de nos corps de troupes est engagé avec l'ennemi, et qu'une affaire, quelqu'insignifiante qu'elle puisse paraître, va se décider, doit être de marcher au feu à tire d'aile et de prendre part au combat. Il s'agit, en effet, de savoir si l'histoire enregistrera pour nous une victoire ou une défaite. Heureusement dans notre armée, chacun s'est incarné ce devoir en chair et en os. Dans l'instruction donnée à la 3ᵉ armée, pour franchir la frontière en 1870, il était expressément recommandé que, si une des colonnes rencontrait l'ennemi, les colonnes voisines devaient aussitôt se détourner, pour se porter au canon et entrer en action. C'est ainsi que le 4 août, devant Wissembourg, le 1ᵉʳ corps prussien soutint la division bavaroise Bothmer, et que le 11ᵉ corps prussien, quoiqu'il fût déjà arrivé au terme de sa marche, n'hésita pas à le dépasser, pour tomber dans le flanc droit de l'ennemi.

Ce sentiment d'appui mutuel a contribué plus puissamment encore à nous assurer la victoire de Spiekeren, le 6 août 1870. Sans cette conviction que chacun doit accourir là où va se décider un combat, il est probable que cette victoire se fût changée pour nous en une défaite.

Toutes les dispositions du général commandant le corps d'armée, relatives à ce sujet, dans la présente étude, paraissent être adaptées parfaitement à la situation. Il reste cependant une mesure à prendre, qui mérite un examen spécial.

Il était 11 h. 55 m., lorsque le général commandant la 2ᵉ division d'infanterie donna l'ordre de continuer l'attaque. Les troupes étaient prêtes, l'ennemi en face à peu de distance ; il était à prévoir que le feu de l'infanterie allait bientôt s'ouvrir. En supposant que l'attaque proprement dite n'eût lieu que dans une demi-heure, la tête de la 1ʳᵉ division d'infanterie n'aurait pas encore terminé son déploiement près d'Hohenbruck.

Cette division avait exécuté sa marche par la route de Liebau, dans une formation analogue à celle de la colonne qui marchait par la route de Schömberg (voyez 1ʳᵉ partie, planche III) ; on avait maintenu les mêmes distances entre les diverses fractions de l'avant-garde et le gros de la division. Si le déploiement de la tête se faisait vers 12 h. 1/2, le régiment de tête de la division pouvait être à Hohenbruck après 1 h., prêt à soutenir le combat, la brigade la plus avancée, à 1 1/2 h., et toute l'infanterie de la division, seulement après 2 h.

On peut se demander pendant combien de temps une division peut aujourd'hui soutenir l'effort de l'ennemi. La force défensive d'une division, qui occupe une bonne position, qui a ses flancs assurés, est telle que, même en face d'une supériorité numérique considérable de l'ennemi, elle peut se soutenir une demi-journée, même une journée entière; mais il en est autrement dans l'offensive. Si l'attaquant trouve de bons abris dans le terrain, à mesure qu'il approche, au pis aller il pourra encore soutenir longtemps le combat, et une première tentative malheureuse ne décidera pas absolument de l'issue finale du combat. Mais si, comme dans le cas actuel, on a à traverser, en marchant à l'attaque, un terrain en grande partie découvert, dominé par le feu de l'ennemi, il suffit souvent d'une demi-heure, pour mettre entièrement hors de combat un gros corps de troupes, qui a engagé toutes ses forces et avec raison. Tel a été le sort de la brave brigade Wedell (5 bataillons), dans son attaque brillante, mais malheureuse du 16 août 1870, entre Vionville et Mars-la-Tour.

Sans doute, la défensive est plus avantagée dans un terrain découvert, l'offensive dans un terrain accidenté, et l'on doit, chaque fois que les circonstances le permettent, choisir le terrain le plus favorable à chacune de ces manières de combattre, mais n'oublions pas que ce sont les circonstances, qui imposent le plus souvent le terrain où l'on se bat, et il faut alors s'en accommoder, tel qu'il est où l'on se trouve.

On ne peut donc pas toujours éviter d'attaquer avec de grandes masses dans un terrain désavantageux. Si l'adversaire oppose à la marche en avant une position que l'on ne puisse tourner pour des raisons locales ou générales, il faudra l'attaquer, si l'on veut gagner du terrain en avant, quelque défavorable que soit le terrain.

Dans une bataille offensive surtout, toute brigade, toute division, intercalées entre d'autres corps, et par suite ne pouvant exécuter un mouvement tournant, se verront obligées de traverser même le terrain le plus découvert en avant d'elles.

Nous essaierons d'indiquer, dans le cours de cette étude, comment il faut procéder dans ce cas; donnons seulement ici quelques observations relatives à la conduite de grandes masses, avant d'entreprendre une attaque de ce genre.

Dans le cas actuel, il peut arriver que la 2e division d'infanterie voie ses effets échouer devant Neu-Rognitz, avant que plus d'un régiment de l'autre division n'ait achevé son déploiement à Hohenbruck, et pour changer la face du combat, il est difficile de croire que les forces d'un seul régiment puissent suffire.

L'arrivée si tardive de la 1re division, que nous savons encore en marche, ne pouvait plus dès lors produire de résultat sensible. Si toutes les tentatives antérieures n'ont pu aboutir, il lui faudra entreprendre une nouvelle attaque; au lieu d'avoir engagé simultanément toutes les forces du corps d'armée, on aura commis la faute d'engager chaque moitié isolée.

Il faut donc recommander, quand les circonstances le permettent, de ne pas commencer l'attaque d'une position ennemie, avant que toutes les troupes n'aient terminé leur déploiement. Il faut éviter, avant tout, de faire anéantir une partie de son monde, avant que le reste puisse prendre part au combat. La force extraordinaire de la défensive, l'effet si écrasant des armes actuelles, le prescrivent aujourd'hui plus que jamais, là principalement où le terrain d'attaque permet au défenseur de tirer tout le parti utile de son arme à feu.

Même à armes égales, le défenseur gardera une immense supériorité, dès qu'il aura un large champ de tir devant lui. Celui qui marche à l'attaque a beau faire un large emploi de tirailleurs, il n'en faut pas moins que la masse de ses troupes traverse le terrain battu par les feux de l'adversaire. Il offre donc aux tirailleurs ennemis embusqués des buts bien visibles, tandis que lui-même ne peut encore en découvrir aucun.

Il arrivera assez souvent que le chef n'aura pas la fermeté d'attendre le complet déploiement de toutes ses troupes. Si, par exemple, son avant-garde rencontre subitement l'ennemi, il se croira obligé de la soutenir avec les fractions de sa colonne, à mesure qu'elles arriveront. Mais cela entraîne de graves inconvénients. Les bataillons seront lancés isolément dans le combat à leur arrivée, les uns à un point, les autres à un autre, suivant la pression du moment. On rompt ainsi les grands liens tactiques; il en résulte que les troupes se mêlent entre elles, ce qui ne peut que nuire à l'action des chefs.

Aussi il serait à conseiller, dans la plupart des cas, de prescrire à l'avant-garde de garder une attitude défensive, jusqu'à ce que le gros des troupes en marche ait pu se déployer.

Un combat peut bien être entamé avec les premières troupes qui arrivent; la situation et le terrain permettront, dans la plupart des cas, de disposer peu à peu de l'ensemble des forces. Mais de grandes attaques, principalement celles qu'on devra faire par un terrain découvert contre une bonne position suffisamment occupée, échouent si rapidement aujourd'hui, qu'il paraîtra alors toujours avantageux de retarder l'attaque, jusqu'à ce que toutes les troupes soient déployées pour la poursuivre et soient prêtes à y prendre part.

Le général commandant le 1er corps d'armée fit donc bien de s'en abstenir dans le cas présent, parce qu'il ne supposait pas de grandes forces à l'adversaire, et qu'il avait confiance dans l'habileté du général de division et la valeur de ses troupes. Il pouvait bien croire encore qu'en refoulant rapidement l'ennemi, il pourrait aussitôt après pousser encore dans la journée une partie de son corps d'armée assez loin sur la route d'Arnau.

On ne pouvait cependant pas entrevoir assez nettement la situation, pour pouvoir compter avec certitude sur une issue prompte et favorable du combat. Il eût donc été convenable d'ordonner à la 2e division d'infanterie de n'attaquer que plus tard, ou d'attendre au moins jusqu'à ce que la brigade de tête de la 1re division eût été déployée. Le délai ainsi gagné n'aurait pas été perdu, si on en avait profité pour faire préparer l'attaque par le feu de l'artillerie.

Cette préparation est toujours utile, mais aujourd'hui elle est devenue si nécessaire, qu'on doit y avoir absolument recours sur la plus vaste échelle. Le soutien, que doit procurer l'artillerie pendant l'attaque, n'est pas moins nécessaire. Si le commandant précipite trop ses mesures, il est probable qu'il oubliera de faire porter en avant un nombre suffisant de bouches à feu, et, dans tous les cas, le temps laissé à l'artillerie pour préparer l'attaque sera insuffisant.

Il serait donc très à propos que le commandant de corps, puisqu'il a résolu d'attaquer, songeât à faire entrer en action un plus grand nombre de pièces que celui dont dispose actuellement la 2e division d'infanterie. Malheureusement, il commet par mégarde un oubli, sur lequel son entourage n'appelle pas son attention.

Sans doute l'artillerie divisionnaire est principalement appelée à soutenir le combat de sa propre division, tandis que l'artillerie de corps doit entrer en action là, où il paraît en général convenable de produire un grand effet d'artillerie. On a eu raison de remplacer l'ancienne expression d'artillerie de réserve par celle d'artillerie de corps. On ne doit nullement l'employer comme réserve dans le dernier moment. La sphère d'action de l'artillerie est dans le combat à longue distance ; si l'on veut utiliser sa force, son action doit donc commencer plus tôt que l'infanterie ne peut le faire ; il faut donc en principe l'envoyer au feu de bonne heure tout entière. C'est pourquoi il ne faut pas reléguer l'artillerie de corps à la queue d'un corps d'armée; on doit plutôt la rapprocher de la tête, autant que le permettent le terrain et les diverses circonstances. Comme la division la plus avancée dispose d'un nombre suffisant de pièces pour engager un combat, l'artillerie de corps aura sa place marquée, dans la plupart des cas, entre les deux divisions d'infanterie. Si même, il s'agit d'attaquer l'ennemi dans une position déjà reconnue, il y aura lieu de rapprocher davantage encore la masse de l'artillerie de la tête de la colonne.

Par conséquent, sauf dans les moments où l'artillerie sera appelée à un rôle particulier, indépendant, quand on aura à engager de grandes attaques, il faudra veiller à renforcer à temps les batteries de la division la plus avancée par l'artillerie de corps.

Telle était l'intention du général commandant

le corps d'armée dans le cas actuel, mais il savait que son corps ne marchait pas en une seule colonne, mais en deux colonnes séparées. Comme la division, qui formait l'aile droite, pouvait rencontrer l'ennemi dans le défilé de la montagne, sa formation de marche avait été réglée en conséquence, c'est à dire, de manière que son infanterie pût entrer tout de suite en action. Ses propres batteries, réunies en un seul groupe, avaient pu être encore intercalées dans l'infanterie ; mais on avait dû reléguer l'artillerie de corps à la queue de toute la colonne.

Pour soutenir rapidement la 2e division d'infanterie avec de l'artillerie, il fallait y appeler les batteries, qui pouvaient arriver le plus vite; c'étaient ici les 24 pièces de l'artillerie de la 1re division. Certes, ce n'est que dans des circonstances tout à fait exceptionnelles que l'on se résoudra à enlever son artillerie à une division. En principe, la division d'artillerie montée doit rester étroitement liée à la division d'infanterie, à laquelle elle appartient. Dans le cas actuel, on ne pouvait préparer et soutenir l'attaque par une forte masse d'artillerie, qu'en disposant par exception de l'artillerie de la 1re division d'infanterie.

D'un autre côté, il eût été très convenable que le commandant de la 1re division d'infanterie prît l'initiative d'envoyer d'avance et à une allure rapide son artillerie sur le champ de bataille, sous l'escorte du régiment de cavalerie divisionnaire. Ses patrouilles de cavalerie avaient dû lui an-

noncer de bonne heure l'occupation de Trautenau par nos troupes, et il devait avoir entendu le canon, de l'endroit où il se trouvait.
Sans être très vif, le bruit du canon annonçait,
en tous cas, que la 2° division était engagée, et
l'on ne pouvait prévoir la tournure que prendrait
le combat une heure plus tard. Il y avait donc
lieu de hâter sa marche le plus possible, pour paraître le plus tôt qu'il pourrait sur le champ de
bataille. L'infanterie ne peut à la longue accé-
lérer son mouvement au delà de certaines limites;
il n'en est pas de même de la cavalerie et de l'artillerie, et dans de pareils cas, il était tout indiqué qu'on devait leur faire prendre l'avance.

Pour terminer, disons un mot de la batterie à
cheval, attachée à la brigade de cavalerie. On
peut se demander s'il est convenable d'attacher
ainsi d'une manière permanente de l'artillerie à
la cavalerie. De grandes masses de cavalerie
(divisions) ont certainement besoin d'artillerie,
dès qu'elles ont une mission indépendante à remplir; on peut même leur adjoindre, suivant les
circonstances, des divisions entières d'artillerie
montée, en outre des batteries à cheval, qui leur
sont destinées. Mais les choses se passent autrement sur le champ de bataille. Là, en général,
l'action de grandes masses de cavalerie ne se produit, qu'après qu'un effet a déjà été obtenu par
un feu longtemps soutenu d'une masse d'artillerie et d'infanterie. Il n'y a pas lieu de se préoc-
cuper si on fera entrer en ligne avec la cavalerie

6 ou 12 pièces de plus; mais ce qu'il faut éviter, c'est que tant de batteries à cheval restent ainsi inactives pendant le combat décisif de l'artillerie.

L'expérience nous prouve donc que, sur le champ de bataille, ces batteries à cheval restent inactives, ou bien qu'elles se séparent de la cavalerie, pour chercher à se rendre utiles pour leur propre compte.

Le combat exige la réunion constante des forces pour un but déterminé, et le général en chef doit s'attacher à les tenir toujours dans la main ; mais cela lui sera impossible, si la distribution de ces forces les pousse à agir arbitrairement et isolément.

Dans le cas présent, si l'on veut tirer de la batterie à cheval, présente sur le champ de bataille, toute l'utilité qu'elle est en état de produire, elle doit réunir son action à celle de la division d'artillerie montée, et préparer, soutenir de concert avec elle, l'attaque de la 2e division d'infanterie. La chose n'est possible, que si elle est mise sous les ordres du commandant de la division d'artillerie montée. Toutes les batteries rassemblées sur un même champ de bataille doivent être soumises à une direction unique, émanant du chef le plus élevé.

DISPOSITIONS DE LA 2e DIVISION D'INFANTERIE.

Le lieutenant-général A... avait déjà examiné le cas où il faudrait continuer le combat avant l'arrivée du général commandant le corps d'armée, et lorsqu'il reçut ses ordres à cet effet, les dispositions à prendre étaient déjà arrêtées dans son esprit.

En premier lieu, il envoya un aide-de-camp au commandant de son artillerie divisionnaire, qu'il savait être près des batteries de 6, ainsi qu'à la 4ᵉ brigade, pour leur donner les instructions suivantes :

« Prévenez le major J, que la 3ᵉ et la 4ᵉ brigade vont attaquer Neu-Rognitz, la 3ᵉ en se portant en avant à l'est de la chaussée, la 4ᵉ, en exécutant une attaque de flanc, après qu'elle sera arrivée à hauteur de l'église St-Paul et St-Jean; qu'il prépare et appuie l'attaque avec toutes ses batteries. Portez ensuite l'ordre à la 4ᵉ brigade de s'avancer par le ravin d'Alt-Rognitz jusqu'à hauteur de l'église St-Paul et St-Jean, et de se diriger de là contre le flanc de la position de l'ennemi à Neu-Rognitz; prévenez-le aussi que la 3ᵉ brigade attaquera en même temps de front, à l'est de la chaussée. »

Avant de partir, l'aide-de-camp dut répéter verbalement l'ordre qui lui était donné.

Le général de division se tourna ensuite vers le général-major B (3ᵉ brigade d'infanterie), qui avait entendu son entretien avec le général commandant le corps, ainsi que les instructions qui lui avaient été données :

« Gardez avec un bataillon la partie d'Hohenbruck située sur la chaussée, portez-vous avec le reste de la brigade à l'est de la grande route, pour attaquer les bouquets de bois situés en avant de Neu-Rognitz. Vous attendrez toutefois que la 4e brigade se soit déployée près de l'église d'Alt-Rognitz, et s'avance de là contre le flanc droit de l'ennemi. En attendant, l'artillerie préparera l'attaque. »

Ces dispositions furent prises à 12 h. 4 m. Comme il était probable qu'il faudrait un certain temps, avant que le commandant de l'artillerie pût faire parvenir ses ordres aux deux batteries de 4, qui se trouvaient près de la chaussée au nord d'Hohenbruck, le lieutenant-général A... envoya son deuxième aide-de-camp à ces batteries, avec l'ordre suivant :

« Le plus ancien capitaine prendra momentanément le commandement des 2 batteries ; il se portera en avant dans une position bien choisie, d'où il préparera l'attaque que la 3e brigade va exécuter à l'est de la chaussée. » 12 h. 6 m.

Le commandant du corps n'ayant plus d'ordres à lui donner, le général de division se porta vers l'entrée nord d'Alt-Rognitz, d'où il pouvait le mieux voir le terrain d'attaque, et tenir la main à ce que les mouvements de ses brigades eussent lieu de concert.

A 12 h. 15 m. il se trouva de nouveau réuni avec le général-major C.

Ainsi qu'il a été dit déjà, les batteries de 4, en position au nord d'Hohenbruck, ainsi que les troupes qui occupaient le village, avaient été, dans l'intervalle, molestées par les pièces de l'ennemi placées à Sorge. Les deux commandants de batterie se mirent donc d'accord pour déloger cette artillerie ennemie, et résolurent dans ce but de se porter tous deux en avant, à l'ouest de la chaussée.

La pointe du bouquet de bois, situé contre la chaussée au nord de Neu-Rognitz, paraissait fortement occupée par de l'infanterie ennemie, dont le feu commandait le terrain jusque près de la lisière sud d'Hohenbruck.

La position des 2 batteries devait donc être choisie avec précaution. Après une reconnaissance exacte de la localité, on reconnut que le meilleur était de passer par le milieu du village, en profitant du bas-fond d'une prairie.

Les batteries s'étaient déjà mises en mouvement, quand le 2ᵉ aide-de-camp de la division leur fut envoyé avec l'ordre indiqué plus haut. Quoique cet officier s'y fût porté avec toute la vitesse que lui permettaient les forces de son cheval, il n'atteignit cependant les batteries, qu'au moment où elles étaient sur le point de déboucher de la

3

lisière sud du village par deux chemins. 12 h. 10 m.

Le mouvement fut aussitôt arrêté, ce qui était d'autant plus facile, que les jardins et les maisons dérobaient les pièces à la vue de l'adversaire. Cependant, les deux commandants de batterie étaient d'avis, qu'en leur laissant exécuter leur mouvement, ils restaient dans l'esprit de l'ordre qu'on leur apportait. Il leur semblait, du moment que la division avait le projet d'attaquer, qu'il ne pouvait qu'être utile de déloger une des batteries ennemies, et de concentrer alors leur feu sur la pointe du bouquet de bois situé près de la chaussée. L'aide-de-camp répéta de nouveau que l'attaque de la division devait se faire à l'est de la chaussée, que, par conséquent, il était nécessaire d'y appuyer l'infanterie de ce côté et que c'était l'artillerie de corps, qui était destinée à entrer en action à l'ouest de la grande route. « D'après ce que je sais des intentions du général de division, ajouta-t-il en terminant, il est si peu dans ses intentions que vos deux batteries se portent isolément dans la direction de Sorge, que le commandant de l'artillerie divisionnaire a déjà reçu l'ordre de réunir toutes ses batteries, pour les faire donner ensemble. »

Ces raisons décidèrent le plus ancien capitaine à renoncer à son mouvement, et à conduire les batteries par la rue du village dans le terrain à l'est de la chaussée, 12 h. 14 m. Il les devança rapidement et jugea que le bouquet de bois, situé au nord de Neu-Rognitz, aurait une importance particulière, parce que l'ennemi, si on s'y laissait, devait prendre en flanc la brigade de droite, quand elle se porterait en avant. Les deux batteries se déployèrent donc près du chemin, qui part du sud-est d'Hohenbruck et côtoie le mamelon boisé 527. La batterie de gauche subit déjà des pertes considérables dans ce mouvement, deux de ses pièces ne parvinrent même pas à se mettre en batterie. A midi 22 m. le premier coup de canon fut tiré de là contre le bouquet de bois.

La position oblique, que devaient prendre les deux batteries, non loin des dernières maisons d'Hohenbruck, ne laissait pas que d'exposer à quelque danger leur aile gauche portée fort en avant. L'artillerie sollicita donc la 10ᵉ compagnie du 1ᵉʳ régiment, qui se trouvait à proximité, d'appuyer le flanc de ces batteries, en occupant le mamelon boisé 527. Le chef de cette compagnie déféra à ce désir. Il en fit prévenir son chef de bataillon, qui se trouvait alors à Hohenbruck. Le commandant l'approuva, mais lui ordonna expressément de revenir à Hohenbruck avec sa compagnie, dès qu'il ne serait plus nécessaire de couvrir les batteries, et d'y rejoindre le bataillon. Ce mamelon boisé fut occupé à 12 h. 30 m., et les fusiliers commencèrent aussitôt le feu contre l'infanterie ennemie, qui était embusquée près de la chaussée et au sud du col 451, situé en avant.

Sur ces entrefaites, la 3ᵉ brigade avait aussi commencé ses mouvements préparatoires. Le général-

major B, après avoir reçu directement à midi 4 m.
les ordres du général de division, se porta aussitôt
vers le sommet 513, situé sur la ligne la plus
avancée ; il y convoqua les deux commandants de
régiment avec tous les chefs de bataillon. A
midi 10 m., tous ces officiers s'y trouvaient
réunis, à l'exception du chef du bataillon de
fusiliers du 1er régiment. Le général leur dit :

« L'attaque va continuer. L'artillerie
de corps a reçu l'ordre de se déployer à
l'ouest de la chaussée. La 4e brigade va se
porter jusqu'à l'église d'Alt-Rognitz, et
de là s'avancer contre le flanc droit de
l'ennemi, pendant que nous, nous l'atta-
querons de front.

Colonel D (1er régiment), vous occupe-
rez avec un bataillon la partie d'Hohenbruck, qui se trouve près de la chaussée,
jusqu'à ce qu'il soit relevé par la 1re division, qui est en marche, et, avec les deux
autres bataillons formés sur deux lignes,
vous vous porterez en avant dans le terrain situé entre la chaussée et ce sommet
boisé (527), que vous voyez là.

Colonel E (2e régiment), vous dirige-
rez deux bataillons vers le sommet boisé
et le contrefort situé à l'est ; le 3e bataillon
suivra en réserve.

Les diverses fractions de troupes devront d'abord se former à la lisière sud du

bois, près duquel nous nous trouvons (sommet 513). On n'en débouchera que sur un ordre spécial de moi, l'attaque devant se faire en même temps que celle de la 4ᵉ brigade. »

Les officiers réunis retournèrent alors à leurs troupes respectives ; l'adjudant-major porta au chef de bataillon de fusiliers du 1ᵉʳ régiment l'ordre qui le concernait.

Un peu avant 12 h. 30 m., les troupes avaient pris les positions qui leur étaient assignées, et attendaient l'ordre d'en déboucher. Le 2ᵉ bataillon du 1ᵉʳ régiment, formé en colonnes de compagnie sur deux lignes, se trouvait entre Hohenbruck et le mamelon 509. Près de ce mamelon se trouvait le bataillon de fusiliers, et à sa gauche, le 2ᵉ bataillon du 2ᵉ régiment. Les premiers bataillons des deux régiments étaient formés derrière les deux ailes en colonnes de compagnie, groupées sur le centre.

Le général de brigade vérifia la position, puis se rendit vers le sommet 513, d'où il pouvait le mieux juger le terrain près de l'église St-Paul et St-Jean. Il prescrivit à ses aides-de-camp de ne pas perdre ce terrain de vue, pour apercevoir à temps le débouché de la 4ᵉ brigade.

A l'aile gauche de la division, l'aide-de-camp, envoyé au commandant de l'artillerie divisionnaire, ne l'avait rencontré que près du général-major C au sommet boisé (425), près d'Alt-Ro-

gnitz, et y avait accompli sa mission à 12 h.
10 m.

Le major J, qui de là observait l'ennemi, ainsi
que le général, et cherchait à s'orienter, donna
aussitôt l'ordre d'avancer avec deux batteries
de 6. Il envoya en même temps son aide-de-camp
aux batteries de 4, avec l'ordre suivant :

> « Les batteries accompagneront et ap-
> puieront sur les deux ailes la 3ᵉ brigade
> d'infanterie, pendant sa marche en avant
> à l'est de la chaussée contre le front de
> l'ennemi, pendant que les batteries lourdes,
> placées à Alt-Rognitz, prendront en flanc
> la position de l'adversaire et prépareront
> l'attaque. Leurs objectifs seront d'abord
> les batteries de l'aile droite de l'ennemi. »

Il était facile de reconnaitre que l'ennemi tenait
fortement occupé avec des essaims de tirailleurs le
pied de la ligne de hauteurs, depuis le bouquet de
bois situé près de la chaussée au sud du col 451,
jusqu'à la prairie située à l'est de ce col ; de gros
soutiens se montraient près des bouquets de bois
situés au nord-est et à l'est de Neu-Rognitz, entre
lesquels deux batteries, dont il a déjà été question,
se trouvaient en position, non loin du village.

Le général-major C. avait, dans l'intervalle,
donné l'ordre suivant au commandant du bataillon
de fusiliers du 4ᵉ régiment, qui occupait l'extrémité nord d'Alt-Rognitz :

> « La brigade va se porter par le village

d'Alt-Rognitz jusqu'à l'église ; de là elle s'avancera contre le flanc de l'ennemi, pendant que la 3ᵉ brigade l'attaquera de front. Réunissez votre bataillon ici près de la première ferme, des deux côtés du chemin creux, pour pouvoir prendre l'offensive contre toute entreprise de l'ennemi, et couvrir ainsi la marche de la brigade.

« La route du village restera libre. »

Le général-major C s'était ensuite rendu au gros de ses troupes et avait prescrit ce qui suit au commandant du 3ᵉ régiment :

« Mettez-vous en route avec votre régiment, en traversant Alt-Rognitz jusqu'à l'église, qui est au milieu du village. Sa marche sera couverte d'abord par le bataillon de fusiliers du 4ᵉ régiment et l'artillerie. Toutefois, dès que vous aurez dépassé l'aile gauche de l'artillerie, vous aurez à veiller vous-même à assurer votre flanc droit. Après être arrivé à hauteur de l'église, la brigade fera une conversion à droite pour marcher à l'attaque du flanc de l'ennemi. »

De plus, le commandant du 4ᵉ régiment, qui se trouvait présent, reçut la mission suivante :

« Portez en avant vos deux bataillons de ligne, en les couvrant, autant que possible, le long de la lisière nord-est d'Alt-

Rognitz, et maintenez-vous à hauteur du
3e régiment. »

Les bataillons se mirent aussitôt en mouvement.

Le 3e régiment, rompu par 1/2 sections s'engagea dans le chemin creux qui va de Trautenau
à Alt-Rognitz, le 2e bataillon en tête, pendant
que le bataillon de fusiliers, qui se trouvait en ce
moment encore formé en colonnes de compagnie,
recevait l'ordre de se concentrer et de suivre le
1er bataillon. Les deux bataillons de ligne du
4e régiment se mirent en marche, formés en
colonnes d'attaque, couverts par la crête 500.

A midi 30 m. la colonne de droite se trouvait
dans la rue du village, ayant sa tête à environ
600 pas de la première ferme (au pied nord-est du
sommet 361), et la queue engagée en partie dans
le chemin creux à hauteur de la lisière nord du
bois qui entoure le sommet 425, en partie encore
en arrière.

Le bataillon de fusiliers du 4e régiment, formé
par demi-bataillons, se trouvait dans une position
à l'abri des deux côtés du chemin creux, qui débouche au sud de la première ferme.

Le général de brigade s'était rendu vers la hauteur 361, d'où il porta un peu à gauche la
12e compagnie du bataillon, pour couvrir les batteries.

Il y avait dix minutes déjà que les deux batteries de 6 étaient arrivées au pied de la hauteur

361 et s'y étaient déployées. Elles gravirent la
pente en ligne, l'aile droite se mettant en position
à environ 400 pas du point le plus élevé. Ce ne
fut que lorsqu'elles se mirent presque en même
temps en batterie, qu'elles furent aperçues par
l'artillerie ennemie, qui avait aussitôt ouvert un
feu violent contre elles. Toutes les pièces de notre
côté prirent pour but la batterie de droite de l'ennemi la plus rapprochée; la distance fut bientôt
trouvée être de 1800 pas. Il était 12 h. 30 m.; ce
combat dura environ 6 minutes.

Le lieutenant-général A, qui était retourné depuis environ un quart d'heure sur la hauteur
425, envoya un officier d'ordonnance au régiment
de hussards, avec l'ordre suivant :

> « Le régiment suivra la marche en
> avant de la 4e brigade d'infanterie; il fera
> en même temps observer avec soin par des
> patrouilles le terrain entre Rudersdorf et
> l'Aupa. »

Un ordonnance fut encore chargé de porter un
ordre écrit à la compagnie de pionniers, qui se
trouvait encore à Trautenau :

> « Dès qu'elle ne sera plus nécessaire à
> Trautenau, la compagnie se portera à Ho-
> henbruck, pour y mettre ce village en état
> de défense, principalement aux environs
> de la chaussée, et pour y renforcer les
> troupes qui l'occupent. »

Un autre ordre écrit fut porté par un deuxième ordonnance au détachement, qui était encore à Welhota (11ᵉ compagnie du 1ᵉʳ régiment et 1/2 du 4ᵉ escadron) :

> « Le détachement s'avancera jusqu'à Rausnitz ; aussitôt que des détachements de la garde y arriveront, il rejoindra la division dans la direction d'Alt-Rognitz. »

En même temps, le médecin de division, qui était aussi arrivé ici reçut l'ordre d'établir une ambulance à Kriblitz.

CONSIDÉRATIONS SUR LES DISPOSITIONS PRISES A LA 2ᵉ DIVISION D'INFANTERIE.

Comme nous le savons, le général commandant le corps d'armée avait prescrit d'attaquer l'ennemi en l'enveloppant. En même temps qu'on attaquerait de front, il fallait donc diriger une partie des forces contre le flanc droit de l'ennemi. On pouvait voir par là, combien il était avantageux d'avoir la division déjà déployée sur une certaine étendue, car autrement il aurait fallu perdre encore plus de temps aux mouvements préparatoires. Il n'y a que les circonstances les plus urgentes, qui puissent excuser de n'attaquer uniquement que de front (voyez 2ᵉ partie, page 44). La force extraordinairement grande de la défensive oblige à combiner, là où la chose est possible, toute attaque de front avec une attaque de flanc.

Pour qu'une attaque ainsi combinée réussisse, il est nécessaire que le mouvement destiné à envelopper l'adversaire reste, aussi longtemps que possible, soustrait à ses regards, ou bien il faut l'occuper sur son front pour l'y retenir, jusqu'à ce que l'attaque de flanc produise son effet. On a cependant souvent été trop loin dans ce dernier sens; on pense, en général, que l'on ne peut contenir ainsi l'adversaire que par des attaques plus ou moins énergiques sur son front. Cela n'est pas toujours le cas avec de grandes masses de troupes. Il suffit la plupart du temps que les troupes soient tenues prêtes à l'attaque à une grande proximité de l'ennemi; car, ainsi que nous l'avons fait remarquer plus haut, si l'ennemi est déployé, il ne lui est plus loisible de se soustraire au combat. La bataille de Gravelotte et St-Privat, le 18 août, présente, dans cet ordre d'idées, dans les dispositions générales comme dans les détails, des enseignements qu'on ne saurait trop méditer.

On ne peut prévoir exactement dans quelles limites doit être circonscrit le mouvement tournant, à moins qu'il ne s'agisse du combat sur une petite échelle, ou que le terrain puisse se découvrir au loin, et on doit tenir compte des nécessités de faire donner les masses de concert.

A Gravelotte, on avait l'intention de soutenir l'ennemi sur son front, jusqu'à ce que notre aile gauche pût, par un mouvement tournant, envelopper le flanc droit de l'armée française; mais l'on se trompa au grand quartier-général, où l'on croyait que la position ennemie ne s'étendait que jusqu'à Amanvillers, tandis qu'elle se prolongeait au delà de St-Privat et même plus tard jusqu'à Roncourt.

Dans notre étude, l'église St-Paul et St-Jean a été indiquée à la 4e brigade d'infanterie, comme le point de repère, jusqu'où elle devait se prolonger. Il est nécessaire de préciser ainsi un point facilement visible, afin que les troupes, qui exécutent le mouvement tournant, ne s'éloignent pas trop. L'ennemi peut en effet, dans l'intervalle, avoir pris des mesures pour parer à ce danger; peut-être a-t-il prolongé son aile droite, ou échelonné ses réserves en arrière. On est alors tenté de vouloir allonger davantage le cercle qui doit envelopper l'ennemi, et, dans le cas actuel, le nombre des forces généralement disponibles ne le permet pas.

En toutes circonstances, il faut, pour ce moment, que les deux brigades agissent de concert; autrement il peut se faire que l'ennemi recourre à la mesure la plus efficace dans ce cas, c'est à dire, qu'il prenne lui-même l'offensive. S'il se jette contre la 3e brigade et qu'il la repousse, avant que la 4e brigade, trop éloignée, puisse lui prêter un secours réel, il peut en résulter une crise très fâcheuse.

Il paraît donc complètement convenable que le lieutenant-général A désigne l'église d'Alt-Rognitz comme le point, auquel la 4e brigade doit faire son mouvement de conversion, pour marcher à l'ennemi. De là à la chaussée, il y a plus de 3,000 pas ; cette distance diminuera successivement, à mesure que les deux brigades avanceront ; les deux fractions de la division pourront donc agir de concert.

Sous un certain point de vue, l'ordre envoyé à la 3ᵉ brigade aurait pu être donné avec plus de prévoyance encore, si on avait eu l'attention de préciser le moment, où elle commencerait l'attaque. Le général de division lui avait prescrit d'attendre que la 4ᵉ brigade se fût déployée près de l'église d'Alt-Rognitz, et eût commencé son mouvement. Il semble, au premier abord, que le moment est bien précisé pour la 3ᵉ brigade ; mais, si l'on réfléchit que la distance entre l'église d'Alt-Rognitz et le point où se trouve l'aile gauche de cette brigade est presque de 2 kil., on peut admettre que le général-major B est sujet à se méprendre sur le moment exact, où il convient de porter son monde en avant, si le terrain limite sa vue, ou pour toute autre cause d'erreur.

Il eût donc été préférable peut-être de prescrire à la 3ᵉ brigade de ne commencer son mouvement que lorsque le général de division lui en enverrait l'ordre. L'essentiel était de faire donner de concert les deux brigades, et c'était le mouvement de l'aile gauche, qui devait régler l'ensemble. En choisissant, en conséquence, un point d'observation, d'où il pût embrasser complètement sa marche et le déploiement de cette dernière, il était à même alors de lancer en avant la 3ᵉ brigade, au moment où il le jugerait convenable.

Il peut paraître étonnant que le général de division se résolve à envoyer toutes ses troupes à l'attaque, sans en conserver aucune en réserve. Il a déjà été dit dans la 1re partie de ces études, page 44, qu'il ne faut pas en général engager un combat sans une réserve. Mais ici, il ne faut pas oublier que c'est le général commandant le corps d'armée qui dirige ici le combat, et que la 1re division d'infanterie tout entière forme la réserve. Il s'agit pour la 2e division d'une attaque décisive, et pour une telle attaque, il lui faut mettre toutes ses forces en mouvement, de manière à pouvoir les engager immédiatement.

Il ne faut alors en excepter que les détachements indispensables, comme ici une compagnie à Welhata dans la vallée de l'Aupa, ainsi que le bataillon posté sur la chaussée d'Hohenbruck, et encore ce dernier peut-il trouver à être employé à tout moment. Le front de la division est tellement étendu que, dans une attaque de ce genre, le dénouement arrive si rapidement, que quelques bataillons, tenus en réserve, peuvent difficilement arriver à temps, là où il en est besoin.

Le plus souvent ils n'arriveront que pour recueillir les troupes repoussées, mais, pour ressaisir la victoire, il leur faudrait renouveler la même attaque, où ont échoué un régiment ou une brigade. Il y a encore moins de chances de réussir que la première fois. Le point principal, c'est donc d'employer à l'attaque toutes les troupes dont on peut disposer ; le soutien de la 1re ligne sera alors formé par les 2e et 3e lignes, qui devront être assez rapprochées, pour pouvoir s'engager avant que l'arrêt, qui se produit dans la 1re ligne, ne se change en un mouvement de retraite. *On ne doit pas distraire des troupes disponibles pour l'attaque une réserve particulière, dès que, comme ici, il ne s'agit pas d'engager simplement un combat, mais d'une opération décisive, et que d'autres corps de troupes sont prêts à former la réserve des combattants.*

Toute attaque, qui va décider du résultat de l'action pour toutes les troupes présentes, exige qu'on y consacre, sans exception, toutes les troupes disponibles. Mais, à l'inverse, une division isolée aurait tort de marcher au combat sans se ménager une réserve spéciale,

Il y a une faute encore plus grande, faute souvent commise par nous dans la guerre de 1866, c'est que des brigades ou des divisions, qui marchent à une attaque décisive, laissent des bataillons en arrière en position dans des endroits favorables du terrain. Là où il s'agit de produire un effet décisif en tête, un seul bataillon peut décider du succès ; il ne faut donc pas s'en priver. Des troupes forcées de reculer, si elles n'ont pas trop souffert, pourront toujours s'arrêter d'elles-mêmes, quand elles trouveront une position favorable.

Le général de division donne ses ordres successivement et selon leur degré d'importance.

D'abord, il envoie les instructions nécessaires au commandant de l'artillerie divisionnaire, dont les batteries doivent préparer l'attaque aussi longtemps que possible. Puis vient l'ordre à la 4ᵉ brigade, qui a le plus de chemin à faire, par suite de son mouvement tournant, ayant d'être en mesure de s'engager, enfin à la 3ᵉ brigade, qui n'a besoin que d'une petite demi-heure pour entrer en action.

Par une distribution des ordres judicieusement réglée dans de tels moments, on gagnera toujours bien quelques minutes, qui seront toujours très précieuses.

Aussi, il est permis de rappeler à ce sujet, combien il importe de donner des ordres un peu plus explicites, plutôt que de laisser les chefs en sous-ordre sans une connaissance suffisante de la situation générale. En ce qui concerne l'artillerie divisionnaire, il semble, dans le cas qui nous occupe, qu'on a été bien bref; cependant, les quelques mots qui lui sont donnés contiennent tout ce qu'il importe à son chef de savoir : l'intention d'attaquer, la direction que vont prendre les deux brigades d'infanterie, et la mission qui incombe à l'artillerie. Cette mission est précisée en trois mots : préparer et soutenir l'attaque, ce qui veut dire que le feu des batteries ne cessera pas après avoir préparé l'attaque, mais qu'il continuera, quand l'infanterie s'avancera vers la position ennemie, que l'artillerie l'accompagnera, dès que le terrain ne lui permettra plus d'appuyer efficacement nos troupes de la position qu'elle occupe.

En général, ce sont précisément les officiers d'artillerie qui, au commencement d'une guerre, sont le moins renseignés dans les combats, et qui reçoivent le plus rarement des ordres. Souvent encore, des généraux éprouvent une certaine crainte à envoyer des ordres à l'artillerie, qui n'est pas placée d'une manière permanente sous leur commandement pendant la paix, et qui, par suite, leur est moins connue que les autres armes. Une telle timidité est fâcheuse. Il faut exiger que tout officier supérieur, tout général surtout, sache employer toutes les armes dans le combat. La pratique nécessaire s'acquiert la plupart du temps d'elle-même dans le courant de la guerre.

Au reste, il ne s'agit que d'indiquer à l'officier d'artillerie, qui commande son arme, le but qu'on se propose dans les diverses phases du combat, et de lui assigner sa tâche. Le général de division doit s'habituer à considérer ses 24 pièces comme formant un seul corps et le traiter comme il traite ses brigades d'infanterie, et son régiment de cavalerie. De même que ce n'est que par exception, qu'il disposera des bataillons d'une brigade isolément, il doit en être de même avec ses batteries.

Des exceptions de cette nature se présentèrent cependant ici à la 3e brigade d'infanterie, ainsi qu'aux batteries de 4.

La première reçut, en effet, l'ordre exprès d'occuper avec un bataillon la partie d'Hohenbruck, située sur la chaussée. Cette mesure était

4

justifiée par la situation générale, que le général
de division peut seul saisir et apprécier complètement. Le général de brigade, qui reçoit l'ordre
d'exécuter une attaque, doit y employer toutes
ses forces, et il devra difficilement se dessaisir
d'un bataillon pour d'autres buts, qui ne se rapportent pas immédiatement à son attaque. Mais
ici, il est nécessaire à l'intérêt général de s'assurer toujours la possession de la grande route.
D'abord le terrain y offre un appui essentiel pour
conserver la communication des deux divisions,
à laquelle il faut se garder de renoncer, et de plus
tous les chemins, qui conduisent à l'ennemi, ont
leur importance, et avant tout, la grande route.

L'ordre destiné aux deux batteries de 4 demande
encore d'être examiné. Certes, en s'adressant directement aux batteries, le général de division passe
par dessus le commandant de l'artillerie, mais il
ne le fait que dans le sens, dans lequel ce dernier
disposera de ses batteries quelques moments plus
tard, quand il aura reçu lui-même l'ordre qui les
concerne. Les dispositions de détails, que le commandant de l'artillerie aura peut-être encore alors
à prendre, ne seront en rien contrariées par
l'ordre donné par le général de division aux batteries de 4 ; cet ordre ne pourra, au contraire, que
les préparer.

Quoiqu'il faille avoir toujours en vue l'action
concentrée des 4 batteries d'une division, on aura
cependant dans le combat maintes occasions de
faire agir des batteries isolément, qui échapperont

alors à l'influence directe du commandant de l'artillerie. Dans de tels cas, l'autorité supérieure ne doit pas les perdre de vue, afin qu'elles ne se laissent pas aller à leur bon plaisir, quand le moment, qui aura exigé leur séparation de la masse, sera passé. Par conséquent, elles recevront leurs destinations ultérieures directement du général, ou on les placera sous les ordres d'un commandant de troupes, ou on leur dira de prendre les instructions du commandant de leur arme.

Quant au régiment de cavalerie divisionnaire, le lieutenant-général A lui prescrit de suivre la 4e brigade d'infanterie, et lui donne en même temps la mission d'éclairer par des patrouilles le terrain entre Rudersdorf et l'Aupa.

L'expérience montre qu'on néglige souvent, en pareil cas, d'envoyer un ordre de ce genre, et qu'on consacre plus souvent le régiment tout entier à faire le service d'éclaireurs. Une telle manière d'agir ne paraît cependant pas juste.

Le combat qui va recommencer est la chose principale; toutes les forces doivent être prêtes à y concourir. On ne doit en distraire une partie que là où c'est absolument nécessaire, et seulement ce qui est tout à fait indispensable. Si des détachements ennemis paraissaient entre Rudersdorf et l'Aupa, il y aurait là un danger sérieux; mais rien ne le fait supposer jusqu'à présent. Il suffit donc complètement de prendre des mesures, qui permettent de découvrir une telle diversion de l'ennemi assez à temps pour s'y opposer. Des patrouilles y suffisent ici. Le surplus du régiment sera encore fort utile, en le faisant suivre pour coopérer au combat. Il est donc convenable de lui prescrire la direction dans laquelle le terrain et les circonstances du combat font présumer qu'il y aura lieu de l'engager.

Il sera toujours nécessaire d'assurer les flancs d'une troupe engagée. N'oublions pas que le meilleur moyen de le faire, est de s'éclairer par des patrouilles. On évitera ainsi l'abus, dans lequel on tombe si souvent, en disséminant le régiment de cavalerie divisionnaire, et, au contraire, on pourra encore en disposer d'une bonne partie sur le champ de bataille.

LES DIVERSES FRACTIONS DE LA DIVISION.

Considérons d'abord *les deux batteries de* 4. D'après ce qu'on a vu, c'est du général-major B qu'elles durent recevoir leurs instructions, jusqu'au moment où elles se retrouvèrent sous les ordres du commandant de l'artillerie. Pendant que le général était encore occupé à recevoir les instructions du général de division, les deux chefs de batterie se laissèrent aller à vouloir opérer dans un sens, que ne justifiaient en rien les circonstances présentes. Il en sera toujours ainsi, là où les chefs, qui commandent en sous-ordre, sont pleins d'initiative et où les rênes du commandement ne sont pas constamment tendues. La difficulté ne fera que s'accroître, quand les officiers, qui commandent les troupes, ne se connaîtront pas

suffisamment, ainsi que cela arrive généralement
au commencement de la guerre entre le commandant de l'infanterie et les chefs de batterie sous
ses ordres. D'où résulte la nécessité que chaque
officier sache clairement dans quelles limites est
comprise son initiative.

Dans le cas présent, il était assez naturel que
les batteries se laissassent entraîner à agir de leur
propre initiative. Qu'on se représente en effet la
situation. L'ennemi laboure le terrain de ses obus,
les troupes, massées en formation de rendez-vous,
en éprouvent çà et là quelques pertes, qu'elles
sont d'autant moins disposées à supporter,
qu'on ne fait rien pour éteindre ou éloigner
le feu de l'ennemi. Près d'elles se trouvent 6 ou
12 pièces d'artillerie, c'est à dire l'arme qui seule
est en état de remplir cette mission aux grandes
distances, mais elles ne font rien dans ce but.
N'entendra-t-on pas dire de tous côtés? « Pourquoi ne nous délivrez-vous pas de l'artillerie ennemie! A quoi servez-vous donc là? »

La plupart du temps on emploiera l'artillerie dans
ce sens, mais alors l'ordre à cet effet doit toujours
émaner du commandant de troupes le plus élevé
en grade. C'est à lui qu'il appartient de faire tirer
les batteries, quand il le juge nécessaire, ou d'assigner aux troupes, s'il est possible, d'autres positions, où elles n'aient plus autant ou plus du
tout à souffrir du feu de l'ennemi. En prenant
elles-mêmes l'initiative de se porter en avant, les
batteries peuvent amener l'adversaire à renforcer

probablement ses batteries; il peut se faire alors
que le combat prenne de grandes proportions,
lorsque le moment favorable n'est pas encore
arrivé. Ou bien elles se porteront à une aile, sur
le point qu'elles jugeront le plus convenable à
leurs instructions propres, tandis que le général
les emploierait plus utilement ailleurs.

Les batteries de 4, dans le cas présent, ne devaient pas dépasser Hohenbruck sans l'agrément
du général de brigade, sous les ordres duquel
elles se trouvaient, ni engager là le combat.
Car le général de brigade ne pouvait prendre
en mauvaise part qu'on lui demandât son assen-
timent. Un général doit accorder, en effet,
à tout chef de service sous ses ordres le droit de
lui demander *s'il lui est loisible d'entrer en action*
et il agirait certainement fort mal, en rebutant
son inférieur au sujet de ses questions, car il
étoufferait chez les subalternes l'esprit d'initiative
et l'habitude de réfléchir par eux-mêmes.

On a vu que les chefs de batterie furent engagés à renoncer à leur projet par l'aide-de-camp
de la division. Ceci prouve l'importance qu'il y a
pour les officiers qui occupent les postes élevés
d'aide-de-camp, et qui sont appelés à porter des
ordres, d'être au courant des projets du chef dans
leur ensemble, et de la nécessité qu'il y a de les
dresser en temps de paix pour ce service. Il ne
suffira pas, dans la plupart des cas, de répéter
simplement l'ordre dont on est porteur; on se verra
forcé d'y ajouter quelques explications, dès qu'on

remarquera des erreurs dans la manière dont le saisit celui qui doit l'exécuter.

Il réussit ici à rattacher directement les batteries avec la 3ᵉ brigade : c'est que le plus ancien officier d'artillerie avait oublié que, s'il doit préparer l'attaque de la brigade, il est nécessaire de s'informer près de celui qui la commande, comment il pense l'exécuter. Cette erreur s'explique : le tableau qui se déroule devant nos yeux a toujours pour notre esprit une attraction magnétique : aussi voyons-nous le bouquet de bois, qui s'avance en pointe sur la chaussée, provoquer l'attention des deux batteries. Mais la brigade ne voulait pas seulement exécuter son attaque à l'Ouest, mais des deux côtés du mamelon boisé 527 ; il eût donc été plus agréable au commandant de la brigade que ces batteries se portassent d'un autre côté. Leur position actuelle près de la chaussée n'offrait qu'un champ de tir limité ; elles n'auraient pu agir, par conséquent, que sur l'aile droite de la brigade, et l'aile gauche se serait vue privée de leur appui. Il semblait donc préférable de diriger une des batteries plus à l'est, pour y préparer et appuyer l'attaque du 2ᵉ régiment ; l'autre aurait complètement suffi sur l'aile droite, surtout contre le bouquet de bois.

La mise en batterie se fait en partie sous le feu de l'ennemi, de sorte que deux pièces ne peuvent même pas d'abord arriver à ôter les avant-trains. La chose est certainement regrettable ; mais il est des circonstances où l'on ne peut et où l'on ne doit pas l'éviter. L'essentiel, c'est que l'artillerie trouve des positions, qui lui permettent de produire le plus d'effet; si elle n'en trouve pas en dehors du feu de l'infanterie ennemie, elle ne doit pas craindre de mettre en batterie sous ce feu. Quand même une batterie ne parviendrait, dans de telles circonstances, qu'à mettre en ligne une ou deux pièces, et que les autres resteraient un certain temps sans être employées, cela sera toujours plus avantageux, que de laisser les six pièces à l'abri, mais inactives.

Nous trouvons le commandant de l'artillerie divisionnaire, occupé à reconnaître le terrain, au moment où lui parvient l'ordre de la division. Un commandant de troupes ne doit jamais y manquer, chaque fois qu'il peut le faire. L'expérience prouve que cette précaution est souvent négligée, particulièrement par les commandants des troupes tenues en réserve. Le spectacle de la bataille absorbe au plus haut degré l'attention de ceux qui ne sont pas encore appelés à agir ; on observe bien le cours du combat, mais on néglige de s'orienter suffisamment sur le terrain. La configuration du sol doit être étudiée à fond non seulement en avant de la troupe, mais encore en vue de mouvements latéraux vers la droite ou vers la gauche, et même en arrière en prévision d'une retraite, si elle était nécessaire. Si ces précautions étaient toujours prises autant qu'elles devraient l'être, l'histoire de la guerre n'offrirait pas tant d'exemples, où des réserves sont restées oisives des heures entières,

puis, quand on les a appelées en avant, défilent
en une longue colonne sur une étroite passerelle,
pendant qu'il se trouvait encore d'autres passages
à droite et à gauche, ou qu'on aurait pu au moins
en établir sur le même ruisseau. C'est cependant
à ces troupes qu'il appartient d'établir elles-mêmes
ces passages. Au lieu de se mettre aussitôt à
l'œuvre, on se dit : en aurai-je bien le temps?
peut-être ne pourrai-je en profiter? Ici, comme
cela arrive si souvent dans la vie ordinaire, où
l'on ne sait pas d'avance si l'on aura le temps de
terminer ce qu'on a commencé, on diffère jusqu'à
ce qu'il soit trop tard. Toujours est-il qu'il vaut
toujours mieux, mais principalement à la guerre,
commencer quelque chose d'utile, que de rester
inactif, même au risque de ne pouvoir terminer ce,
que l'on aura entrepris.

La manière, dont le commandant de l'artillerie
divisionnaire prend ses dispositions, témoigne de
sa profonde connaissance du terrain ; *elle montre
en même temps que concentrer le feu de toutes les
batteries dans un même but n'est pas synonyme de
réunir toutes les bouches à feu sur un même point.*
Il s'agit d'abord de détourner l'attention de l'artillerie ennemie de notre propre infanterie, quand
elle attaque, et de forcer, s'il est possible, cette
artillerie à se retirer, puis ce résultat obtenu, de
canonner vigoureusement l'infanterie ennemie.

Chaque fois qu'on le pourra, il faudra donc
tâcher de prendre à la fois de front et de flanc les
pièces de l'ennemi, ainsi que toute sa position. Si

nous réunissons toutes nos batteries dans une position de flanc, pour prendre l'ennemi d'écharpe,
il sera possible à l'ennemi, dans beaucoup de cas,
de faire échouer notre projet, en amenant ses pièces
en face des nôtres par une conversion, et nous
aurons abouti à un duel d'artillerie purement de
front. C'est pour ce motif que le major J préféra
laisser les batteries de 4 agir contre le front de
l'adversaire et porter seulement les batteries de 6
dans une position, qui leur permît de prendre l'ennemi d'écharpe.

Il y avait une raison de plus pour agir ainsi,
c'est que, le terrain étant ondulé, on ne pouvait,
de la hauteur 361, appuyer efficacement avec
l'artillerie l'aile droite de la division, au moment
où elle s'engagerait. Cependant si on veut la soutenir pendant son attaque, qui sera difficile, parce
qu'elle est prise en flanc par le bouquet de bois,
il faut lui laisser une batterie. En disposant la
deuxième batterie à l'aile gauche de la 3e brigade,
on donnera à cette aile l'appui nécessaire, en combattant l'ennemi sur son front dans le mouvement
progressif en avant. Toutes ces batteries tendront
à se rejoindre, de sorte que le commandant de
l'artillerie pourra reprendre son action directe sur
ces 18 pièces. S'il ne peut espérer, pour le moment, avoir ses 24 bouches à feu sous la main à
cause des difficultés que lui impose la situation,
il doit chercher néanmoins à ressaisir son commandement sur le plus grand nombre possible de
ses pièces. Le major J s'y achemine ici, en indi-

quant les batteries ennemies de l'aile droite comme le premier but à atteindre.

La plupart du temps il faut chercher, et c'est praticable, les positions de l'artillerie sur les flancs de l'infanterie, autant que possible. On évitera par là à l'infanterie de recevoir des obus destinés à l'artillerie, et de plus, quand l'infanterie s'avancera, l'artillerie pourra continuer son feu plus longtemps. Il va de soi que, dans le choix de la position, la considération de lui faire produire le plus d'effet devra venir en première ligne. Aussi, dans tous les cas où le terrain, par lequel doit s'avancer l'infanterie, ne sera pas complètement déterminé, cette arme devra plutôt se subordonner à la position propice de l'artillerie, laissant à celle-ci le choix de son terrain.

La position des batteries lourdes a été choisie, dans le cas présent, d'après le double point de vue de prendre l'ennemi en flanc et de ne pas être gênée par notre propre infanterie. On obtient encore un autre résultat, c'est de renforcer d'une manière sensible par les deux batteries lourdes le point le plus faible de la division, c'est à dire, le vide entre les deux brigades d'infanterie.

Le commandant de l'artillerie divisionnaire ne leur désigne pas, pour mettre en batterie, le sommet 361, mais le contrefort qui se prolonge au sud, car ce n'est que de cette crête que l'on peut prendre en flanc la position la plus avancée de l'ennemi. De plus, la position de l'artillerie sur un plateau incliné vers l'ennemi est moins avantageuse que derrière la crête d'un contrefort.

Dans le cas qui nous occupe, on ne doit se mettre ici en batterie qu'à 1800 pas de la batterie ennemie la plus rapprochée. On trouvera donc quelque difficulté, si cette batterie a l'œil ouvert et si elle connaît la distance. Il n'en est que plus nécessaire d'éviter d'arriver successivement et par pièces en batterie. Il faut donc recommander de déployer les batteries, comme on le fit ici, en les dérobant, si c'est possible, aux regards de l'ennemi, et d'arriver en position avec toutes ses pièces à la fois. Quand même quelques-unes seraient démontées, on en aura toujours un nombre suffisant à mettre immédiatement en action pour commencer le combat.

L'on voit aussi ici que l'on n'attache pas un soutien particulier permanent à l'artillerie pendant le combat, pas plus qu'on ne l'a fait pendant la marche. (Voyez 1ʳᵉ partie, page 53). Les batteries, préparant et soutenant le combat des autres armes, choisissent par là même leur position, en général, à proximité de ces armes. Mais c'est pour ces dernières un devoir de courir avec toutes leurs forces au soutien de ces batteries, si elles sont en danger. Un ordre de Blücher soumettait à un conseil de guerre le bataillon et le régiment de cavalerie, qui ne se pressaient pas de sauver une batterie menacée et qui, pour la défendre, ne faisaient pas mettre hors de combat la moitié de leur monde. Ce sentiment de fidèle camaraderie doit exister dans une armée; les troupes allemandes en ont fourni dans la dernière

campagne de brillants exemples. Le 16 août 1870,
à Vionville et Mars-la-Tour, l'escadron Hinden-
bourg s'élança sur la cavalerie de l'ennemi, qui
était très supérieure en nombre, pour dégager la
batterie à cheval de la garde von der Planitz I.
Le bataillon de fusiliers du 85e agit de même le
18 août à l'égard des batteries du 9e corps; il y
perdit son commandant, le major Wolff de Got-
tentow, 10 officiers et 370 hommes.

Les campagnes de 1866, 1870-1871 offrent
beaucoup d'exemples de ce genre, chez nous
comme chez nos adversaires.

Il ne sera donc nécessaire de commander pas-
sagèrement des détachements particuliers pour
soutenir des batteries que là où, par suite de la
position générale, elles ne pourraient être soute-
nues à temps. Dans le cas qui nous occupe, il y
a partout, à proximité des batteries, des troupes,
qui pourront leur porter secours en cas de danger.
Il serait donc tout à fait superflu d'y destiner
encore des compagnies spéciales, qui ne seraient
pas en état de suivre les mouvements rapides de
l'artillerie dans ses changements de position, et
seraient alors perdues aussi pour le combat de
l'infanterie.

Lorsqu'une batterie vient à perdre une position,
qui ne paraît pas suffisamment soutenue par celle
des autres troupes, c'est à l'autorité supérieure à
veiller à sa sûreté, comme le fait le commandant
de la 4e brigade, en détachant dans ce but la
12e compagnie du 4e régiment. S'il n'y a pas là

d'autorité supérieure, l'artillerie doit requérir l'appui des troupes les plus voisines (voyez 10e compagnie du 1er régiment); les troupes se prêteront toujours volontiers à une telle réquisition. C'est du moins un devoir pour elles d'y obtempérer suivant la mesure de leurs forces.

A la 3e brigade d'infanterie, le général-major Bréunit d'abord ses commandants de régiment et les officiers supérieurs au point d'où la vue peut bien embrasser le terrain d'attaque, pour leur donner des instructions très détaillées. Cette précaution est aujourd'hui plus nécessaire que jamais, car la précision et la portée des armes exigent beaucoup de prudence dans les dispositions, et surtout un emploi très judicieux du terrain. Les officiers, qui commandent en second ordre, sont tenus de l'observer, tout autant que le général en chef. Mais, pour qu'ils puissent le faire, il faut avant tout leur en donner le temps. Au milieu du mouvement du combat, on néglige, hélas! souvent complètement de le faire. Quand, après avoir mûrement réfléchi, le général a une fois pris sa décision, il veut la plupart du temps la voir aussitôt exécuter, et alors rien ne va assez vite pour lui. Qu'il n'oublie donc pas que s'il lui a fallu réfléchir mûrement, cela est tout aussi nécessaire aux officiers qui commandent sous ses ordres. Il en est ainsi, même dans les circonstances les plus simples. Il ne peut y en avoir de plus simple qu'une marche en avant en terrain découvert, car c'est là l'exercice ordinaire du Champ de

Mars. Toutefois le champ de bataille diffère quelque peu du champ de manœuvre. La plus petite ondulation de terrain, chaque fossé, chaque buisson ont une grande importance; les bataillons et les compagnies auront à en tirer tout l'avantage possible. Plus leurs chefs les auront étudiés auparavant, plus ils pourront mettre à profit le terrain ou la situation.

Cette précaution n'a pas toujours été observée par nous en 1870 et 1871. Des régiments, des brigades restent longtemps en place, leurs chefs examinent le meilleur moyen d'attaquer l'ennemi, qu'ils ont devant eux, quand l'ordre leur parviendra. L'ordre arrive, mais il prescrit à la brigade de converser à droite et de marcher sans retard à l'attaque, c'est à dire, dans une toute autre direction que celle à laquelle on s'est préparé. Le chef de corps veut donner ses instructions à ses officiers, mais surviennent coup sur coup un 2e, puis un 3e aide-de-camp : « Pressez la marche de votre brigade! marchez sans retard! Son Excellence fait demander, pourquoi la brigade n'attaque pas encore! »

Alors on perd certainement patience, et on se porte en avant, chaque corps, chaque bataillon, dans la position où il se trouve, pour marcher à l'ennemi par le plus court chemin. Mais le plus court chemin n'est que rarement le meilleur. Les pertes s'entassent, les troupes se débandent, la marche s'arrête, l'attaque manque, voilà les résultats qu'on recueille, tandis que, si on eût procédé systématiquement et avec calme, on aurait réussi, et avec peut-être moins de pertes.

Les circonstances exigeront certainement souvent que l'on porte les troupes en avant le plus promptement possible, mais, chaque fois qu'on le pourra, *et d'habitude on le pourra, quand il s'agit de grandes masses de troupes*, il faudra laisser aux chefs subalternes le temps de s'orienter et les renseigner. C'est le seul moyen de réduire dans une certaine mesure les pertes qui sont, du reste, déjà bien assez grandes.

Plus une troupe marche en masse, plus s'efface l'indépendance des officiers en sous-ordre. C'est ainsi que l'on voit ici le général de brigade indiquer non seulement la direction à prendre par les différents régiments, mais encore le nombre de bataillons à ranger par eux en première, comme en deuxième ligne.

Quand il s'agit de se porter en avant dans la formation réglementaire, il n'est besoin d'aucun ordre de ce genre. Mais si l'on doit s'en écarter, le général doit le prescrire d'une manière spéciale. Ici on porte immédiatement en première ligne le 2ᵉ bataillon du 2ᵉ régiment, pour avoir un front correspondant à l'étendue d'une des positions ennemies, et assurer en même temps plus facilement la liaison avec la 4ᵉ brigade pendant la marche en avant.

Le général de brigade n'a besoin de rien ajouter, relativement à la formation à prendre par les diverses lignes pour exécuter l'attaque. L'attaque doit se faire suivant une forme réglementaire, et être connue à fond par les exercices du champ de manœuvre.

En ce qui concerne *la 4e brigade d'infanterie*, il s'agit pour elle de porter les bataillons au point où ils doivent converser, en les dérobant surtout, autant que possible, à la vue de l'ennemi. Plus on surprendra l'ennemi dans une attaque de flanc, plus l'effet sera grand ; si on lui montre, ou si on est obligé de lui dévoiler trop tôt les troupes, il ne lui sera que plus facile de prendre des mesures pour déjouer notre projet et paralyser l'effet de l'attaque. Il faut en outre, dans un tel mouvement, prendre le plus vite posible la formation nécessaire pour la conversion. C'est pour cela que la brigade se met en marche en deux colonnes, par régiment.

La rue du village force bien, à la vérité, le 3e régiment à marcher par demi-sections et à exécuter à proximité de l'ennemi une longue marche de flanc. Toutefois cet inconvénient est atténué, parce que les maisons et les jardins du village, ainsi que le chemin, qui est très encaissé, dérobent ce mouvement aux yeux de l'adversaire. Il en est de même de l'autre régiment qui sera couvert, du moins en partie, par le bois situé à l'est.

Il s'écoulerait cependant quelque temps si, l'ennemi se présentant, il fallait que la brigade interrompît sa marche pour déboucher du défilé, et se déployer face à droite. Mais, pour ce cas, le

5

général de brigade s'est réservé à sa disposition le bataillon de fusiliers du 4ᵉ régiment. Ce bataillon ne pouvait rester, pour ce but, dans la position qu'il avait jusqu'alors, en colonnes par compagnies, avec leurs divers pelotons embusqués dans les fermes et sur les lisières. Le meilleur moyen de couvrir une marche de flanc, c'est de porter une troupe en avant à l'encontre de l'ennemi, pour protéger le flanc menacé; cette troupe côtoie la marche ou prend une position convenable. Dans le cas présent, on ne pouvait lui faire côtoyer la colonne, dont elle aurait trahi la marche, et les circonstances, pas plus que le terrain, ne permettaient de prendre une position pour la couvrir. En tenant le bataillon de fusiliers prêt à prendre l'offensive, on avait sous la main un moyen de parer à toute tentative de l'ennemi, puisqu'on pouvait jeter devant lui une troupe compacte. Dès lors on se ménageait le temps nécessaire pour déployer les parties les plus voisines de la brigade, et entamer le combat avec elles.

Ce moyen ne suffirait cependant que pour la première moitié de la marche; après, on trouvait un appui dans les batteries de 6, qui étaient arrivées, dans l'intervalle, en position. Aussitôt que la tête du gros de la brigade les aurait dépassées, ce gros aurait à se couvrir lui-même pour les quelques centaines de pas, qu'il lui restait encore à faire. Le général-major C tint compte de cette considération, dans son ordre au commandant du 3ᵉ régiment.

Pour assurer tout le mouvement, il importait surtout que la brigade ne fût pas prise au dépourvu par quelque retour offensif de l'ennemi. Aussi le général choisit-il un point d'observation, qui lui permît de bien découvrir tout le terrain en avant. De la hauteur 361, il pouvait apercevoir tous les mouvements que pourrait faire l'ennemi, et il avait alors le temps de prendre les dispositions nécessaires. Ce point d'observation répondait, en outre, parfaitement à toutes les autres exigences de la situation. De là, il pouvait voir tous les mouvements de ses troupes, aussi bien que tout le front de la 3ᵉ brigade; au pied de la hauteur se tenait le bataillon de fusiliers, prêt à marcher immédiatement à l'ennemi, si le cas se présentait.

MOUVEMENTS PRÉPARATOIRES DE L'ATTAQUE A LA 2ᵉ DIVISION D'INFANTERIE.

(De 12 h. 30 m. à 1 h. 45.)

De la hauteur 425, où il s'était placé, près d'Alt-Rognitz, le général de division pouvait juger assez exactement le terrain sur le front de la 3ᵉ brigade, ainsi que celui qui s'étendait plus au sud jusqu'à Neu-Rognitz. La queue de la colonne de droite de la 4ᵉ brigade échappa bientôt à ses regards, dans Alt-Rognitz.

Quelques instants avant 1 heure, on vit tout à coup les troupes de le 3ᵉ brigade déboucher des bouquets de bois qui les couvraient auparavant, et s'avancer, précédées de gros essaims de tirailleurs. Ce mouvement parut prématuré, car il fallait encore un certain temps à l'autre brigade, avant d'être prête à s'engager. Le général envoya donc aussitôt son officier d'état-major pour s'informer du motif qui avait fait commencer le mouvement, et pour l'arrêter pour le moment, s'il n'y avait pas de raisons particulières.

Il ne jugea pas à propos d'y aller lui-même, afin de ne pas perdre de vue les mouvements de la 4ᵉ brigade, qui pouvaient rencontrer toute espèce de difficultés. Il ne croyait pas non plus devoir envoyer l'ordre formel de retourner aux positions abandonnées, car il pouvait y avoir des motifs, dont il pouvait ne pas se rendre compte de son observatoire d'Alt-Rognitz ; de plus, il lui répugnait d'interrompre un mouvement en avant et de faire reprendre aux troupes leurs positions antérieures. Rien n'ébranle plus profondément la confiance des troupes dans leurs chefs, comme les contre-ordres. Dans ces circonstances, le général de division se servit de l'officier qui était le plus initié à ses vues et qui était en même temps en état de juger s'il y avait lieu de suspendre le mouvement.

Le lieutenant-général A attendit pied à terre le retour de son officier d'état-major. Il s'aperçut bientôt, à la continuation de la marche de la 3ᵉ brigade, que cet officier n'avait pas cru nécessaire d'en arrêter le mouvement. La ligne la plus avancée atteignit peu à peu la crête du contrefort,

qui va du sommet boisé 527 au point de jonction
des villages d'Alt-Rognitz et Rudersdorf; elle
s'arrêta près de cette crête et ouvrit le feu.

Un instant après, l'officier d'état-major arriva
et rendit compte que le général de brigade n'avait
nullement l'intention de commencer l'attaque,
qu'il voulait seulement porter ses troupes aussi
en avant qu'il était possible de le faire, sans s'engager sérieusement, afin de mieux préparer
l'attaque, et de pouvoir être à portée, dès que la
4ᵉ brigade s'engagerait. Les bataillons avaient, en
conséquence, l'ordre formel de ne pas dépasser la
crête du contrefort.

Ces raisons ne parurent pas suffisamment mo-
tivées au lieutenant-général A; il craignit qu'en
s'approchant aussi près de l'ennemi, le combat ne
devînt, malgré l'intention du général de brigade,
plus sérieux que cela n'était désirable pour le
moment. Cependant on ne pouvait plus rien y
changer. Du reste, il vit que l'aile gauche de la
brigade s'arrêtait réellement, et qu'une batterie
de 4 quittait la chaussée pour aller renforcer cette
aile.

Les batteries de 6 avaient, dans l'intervalle,
canonné vivement avec l'artillerie ennemie. Peu
après 1 heure, on remarquait déjà que la tête de
la colonne de droite de la 4ᵉ brigade avait atteint
la hauteur de l'église d'Alt-Rognitz, qu'elle débouchait des divers points de la lisière du village
et se formait tout contre. Le général de division
était impatient de la voir entrer en ligne; néan-

moins, il renonça à l'idée de la presser, convaincu
que le général et ses troupes faisaient tout leur
possible pour marcher rapidement à l'ennemi.

Cependant le temps s'écoulait et l'on voyait
bien les troupes exécuter divers mouvements,
sans pour cela se porter à l'attaque. Le général se
vit obligé d'y envoyer son officier d'état-major, en
lui donnant pour mission de voir pourquoi la brigade tardait toujours à engager le combat et de
presser son entrée en action. Un instant après le
départ de cet officier, on finit enfin par apercevoir
l'aile gauche de la brigade, qui commençait le
combat près de la ferme située sur le contrefort,
près du chemin qui, partant de l'église Saint-Paul
et Saint-Jean, aboutit à l'extrémité sud de Neu-
Rognitz. Les autres fractions de la brigade se
mirent aussi, bientôt après, successivement en
mouvement. Vers 1 h. 3/4, tout le contrefort,
depuis le sommet 527 jusqu'à la ferme, était
couronné d'une chaîne épaisse de nos tirailleurs;
une des batteries de 4 avait ouvert son feu entre
ces deux points, à peu près au point de jonction
des deux brigades; les soutiens, en colonnes de
compagnie ou par demi-bataillons, se tenaient
en partie sur la pente dérobée à la vue de l'ennemi, ou s'en approchaient. Le feu de l'artillerie
ennemie, qui avait été quelque temps interrompu,
et qui ensuite avait repris de nouveau, paraissait
maintenant complètement éteint; les batteries de 6
amenèrent les avant-trains et se portèrent en
avant au trot, en se servant des deux chemins qui

conduisaient de leur position actuelle vers Neu-Rognitz.

Le moment de l'attaque générale approchait ; le général de division remonta à cheval et se porta dans la direction du point de jonction des deux brigades.

Le lieutenant-général A n'avait pu observer, du point où il était resté jusque là, l'extrémité de l'aile droite de la 3e brigade. Mais depuis long-temps on entendait un feu très vif de mousque-terie de ce côté ; la nature du bruit et la direction de la fumée faisaient aussi supposer que le combat du côté de la chaussée avait abouti à une retraite de nos troupes. En conséquence, un aide-de-camp de la division y avait été envoyé pour voir ce qui se passait ; au départ du général, cet offi-cier n'était pas encore revenu.

DÉTAILS CONCERNANT LES DIVERSES TROUPES PENDANT LA PRÉPARATION DE L'ATTAQUE. (*Planches I et II.*)

(De midi 30 m. à 1 h. 45 m.)

3e *brigade d'infanterie.*

Quand le général-major B aperçut la tête de la 4e brigade entrant dans Alt-Rognitz, il jugea à propos de porter ses bataillons plus près de l'en-nemi, pour préparer suffisamment l'attaque par son feu et pouvoir l'entamer vigoureusement au moment prescrit. Le contrefort, qui se détache à l'est du sommet 527, paraissait particulièrement favorable à cet effet. Il ordonna donc aux deux commandants de régiment de porter leur première ligne jusqu'à hauteur de ce sommet, en faisant suivre les autres lignes à la distance convenable. Pour que ce mouvement pût être exécuté en même temps par toutes les troupes, elles durent régler leur marche sur celle du bataillon de fusiliers du 2ᵉ régiment. Le général s'était réservé de mettre lui-même ce bataillon en mouvement, dès que les colonels le préviendraient qu'ils avaient fini leurs dispositions.

Le colonel D du 1ᵉʳ régiment prescrivit ce qui suit au 2ᵉ bataillon :

> « Dès que le bataillon de fusiliers du 2ᵉ régiment se mettra en mouvement, le bataillon s'ébranlera en même temps, l'aile droite se portant en avant le long de la chaussée, l'aile gauche dans la direction de la lisière ouest du bois situé en avant (527). »

Il fut prescrit au 1ᵉʳ bataillon de suivre à une distance de 400 pas.

Le commandant du 2ᵉ bataillon donna ses instructions à ses commandants de compagnie :

> « Les 5ᵉ et 8ᵉ compagnies se déploieront entièrement en tirailleurs; la 5ᵉ s'appuiera à la chaussée, la 8ᵉ dirigera son aile gauche sur le bois situé en avant. La

6° compagnie suivra à 400 pas derrière l'aile droite, la 7° à la même distance derrière l'aile gauche. Je donnerai l'ordre pour commencer le mouvement. »

Le colonel, après s'être assuré de la justesse des dispositions prises, retourna vers le général-major B et lui en rendit compte, en ajoutant :

« Sur mon aile, le terrain qui conduit à la position ennemie monte en pente continue et assez raide, de sorte que les troupes seront presque sans abri. Il n'y a pas à songer à interrompre la marche en avant, mais à la pousser aussi loin que possible. »

Le général lui répondit :

« Très bien! voyez à quelle distance vous pouvez porter votre première ligne en avant; en tous cas, ne dépassez pas la lisière sud du bois 527. Je désire surtout que l'attaque ne commence pas avant que la 4° brigade puisse en même temps entrer en action, et je me réserve d'en donner l'ordre. Jusque là, vous vous bornerez à un combat de tirailleurs préparatoire. »

Le colonel E arriva aussi, aussitôt après, près du général de brigade. Il avait donné les instructions suivantes à ses troupes :

« Le bataillon de fusiliers et le 2° bataillon se mettront en marche en même temps. Le bataillon de fusiliers est bataillon de direction; il dirigera son aile droite dans le bois situé en avant (527). Il marchera d'abord de manière à atteindre la croupe qui s'en détache à l'est, mais il ne la dépassera pas avant de nouveaux ordres. On attendra, pour commencer le mouvement, l'ordre spécial du général de brigade. Le 1er bataillon suivra à 400 pas de distance. »

Dans les bataillons respectifs, les chefs de bataillon prescrivirent que la 9e compagnie se dirigerait en colonne serrée sur le bois, et que les 12e, 5e et 8e n'enverraient en avant qu'un peloton de tirailleurs. Le chemin, que les compagnies de la 2e ligne devaient prendre, leur fut indiqué.

A midi 45 m., le général-major B donna l'ordre de se mettre en mouvement.

La 1re batterie de 4 avait aussi changé de position dans l'intervalle. L'aide-de-camp, envoyé par le commandant de l'artillerie divisionnaire aux batteries légères, croyait encore ces batteries dans leur position préparatoire au pied du Galgenberg. Ne les y trouvant pas, il se rendit à une batterie, qu'il voyait tirer au sud d'Hohenbruck. Mais c'était la 1re batterie à cheval, qui s'était avancée pour combattre les pièces ennemies postées à Sorge. Par suite de ce détour, l'ordre, qui prescrivait à une des batteries de 4 de soutenir la 3e brigade dans sa marche en avant, ne

parvint qu'assez tard à sa destination. La 2ᵉ batterie de 4 n'avait pas encore remis ses deux pièces
en état, et il parut alors convenable de la laisser
près d'elles, pendant que la 1ʳᵉ batterie, qui se
trouvait près de la chaussée, se porterait rapidement à l'aile gauche. Le commandant de cette
batterie se rendit d'avance près du général-
major B, pour connaître ses intentions relativement à la marche de la brigade. Après avoir été
orienté par le général, il lui parut désirable de
chercher à pouvoir l'employer à l'aile gauche de
la brigade. Ici elle ne pouvait, de plus, produire
d'effet utile qu'à l'est, près du point où se termine
l'ondulation du terrain située en avant. Pour le
moment, il eût été plus que téméraire de s'avancer jusque sur le contrefort qui descend du sommet 527, et qui était déjà balayé par le feu de
l'infanterie ennemie, avant que la nôtre y fut
établie. La batterie venait d'arriver à gauche et
en avant du 2ᵉ bataillon du 2ᵉ régiment, quand
la 3ᵉ brigade se mit en mouvement.

L'attaque de cette brigade eut des succès différents aux deux ailes.

A l'aile droite, les essaims de tirailleurs des
5ᵉ et 8ᵉ compagnies du 1ᵉʳ régiment furent accueillis, aussitôt après avoir dépassé les lisières
des bouquets de bois situés à l'est d'Hohenbruck,
par un feu d'infanterie à 1,000 pas, dont l'intensité augmenta de minute en minute, et produisit
déjà de grandes pertes. Les tirailleurs ennemis
s'étaient si bien embusqués au sud du col 451

jusqu'au bouquet de bois voisin, qu'on ne pouvait les voir ; la fusillade dirigée sans ordre contre eux était donc sans succès. Mais notre artillerie parvint à chasser complètement les défenseurs de la partie la plus avancée du bouquet de bois.

Le seul résultat de cet état de choses fut que la plus grande partie de la 5ᵉ compagnie se jeta dans les fossés de la chaussée, ou les dépassa à droite, pendant que la plupart des hommes de la 8ᵉ cherchaient un abri dans le bois voisin (527). La 6ᵉ compagnie, qui suivait à 400 pas, se fraya un chemin à travers les jardins des fermes d'Hohenbruck situées sur la grande route, tandis que la 7ᵉ compagnie et le 1ᵉʳ bataillon, qui la suivait à 400 pas en colonne d'attaque, prirent dès le commencement une direction, où ils étaient couverts par le mamelon boisé (527).

La 2ᵉ batterie de 4, disposant maintenant de ses six pièces, dirigea son feu, aussitôt qu'elle fut masquée par la marche de l'infanterie, contre le bois situé au nord-est de Neu-Rognitz, dans lequel on avait aperçu les soutiens de la ligne avancée de l'ennemi.

La 5ᵉ compagnie parvint à pénétrer dans la partie la plus avancée du bois, qui n'était pas occupée ; mais elle rencontra dans l'intérieur une vive résistance ; la 6ᵉ compagnie s'y engagea immédiatement après, pour en venir à bout ; elle était surtout entraînée par le désir d'agir, mais il y avait bien aussi le sentiment de quitter aussitôt que possible le terrain découvert.

Le colonel, voyant la rapide entrée en action de la 2ᵉ ligne sur ce point, jugea nécessaire de donner un appui à son aile droite. Il donna en conséquence l'ordre de faire converser les 1ʳᵉ et 4ᵉ compagnies, et de les porter jusqu'à Hohenbruck par le chemin qu'elles avaient suivi pour se porter en avant, et dans lequel elles avaient trouvé le meilleur abri. De là, elles devaient suivre comme soutiens les deux compagnies du 2ᵉ bataillon.

La 8ᵉ compagnie chercha en vain à déboucher de la lisière sud du bois qu'elle avait atteint ; le feu de l'ennemi anéantit ses efforts. La lisière du bois ne permettait de déployer qu'un petit nombre de tirailleurs ; elle était, du reste, occupée par la 10ᵉ compagnie ; le commandant du bataillon crut alors nécessaire de retirer du bois la 8ᵉ compagnie. Il voulait en même temps combler le vide, qui s'était produit entre ses deux ailes, par suite de leur tendance à éviter le terrain découvert, afin de pouvoir disposer d'un feu plus étendu pour préparer l'attaque ultérieure.

En se rendant à la 8ᵉ compagnie pour lui donner lui-même ses ordres, il put se convaincre immédiatement que, pour le moment, elle n'était nullement en état de les exécuter. Déjà la compagnie avait perdu, dans sa marche dans le terrain découvert, tous ses officiers, au moment où ils faisaient leurs efforts pour empêcher leurs hommes de dévier de la direction pour atteindre le bois. Quelques braves soldats seulement étaient restés

entre ce bois et la chaussée ; mais la plus grande
partie s'était entassée en désordre à l'abri du bouquet de bois, pêle-mêle avec des hommes de la
10ᵉ compagnie.

Sur ces entrefaites, le chef de bataillon crut
d'autant plus nécessaire de ranger la 8ᵉ compagnie
en arrière du bois, que la 9ᵉ compagnie du 2ᵉ régiment s'y était jetée aussi dans l'intervalle. La
8ᵉ compagnie fut donc retirée du bois, et le commandement en fut donné à un officier de la
7ᵉ compagnie. La 7ᵉ compagnie reçut la mission
de remplir le vide entre les deux ailes. Heureusement, elle fut singulièrement favorisée par une
dépression de terrain, que l'ennemi ne pouvait
voir qu'imparfaitement. Sans cette circonstance,
elle serait difficilement parvenue à exécuter cet
ordre, qui l'exposait en grande partie au feu de
flanc de l'ennemi. Le chef de bataillon surveillait
spécialement le mouvement des pelotons de tirailleurs, pour les empêcher de prendre quelque
fausse direction, lorsqu'il fut tué, et son adjudant-major blessé en même temps. Le commandement
du bataillon revenait au chef de la 6ᵉ compagnie,
comme étant le plus ancien capitaine. Cependant
on ne jugea pas à propos d'enlever en ce moment
cet officier à sa troupe, qui se trouvait vivement
aux prises dans le bouquet de bois ; d'un autre
côté, le colonel, qui avait déjà à diriger son bataillon de fusiliers et son 1ᵉʳ bataillon, ne pouvait
pas non plus s'occuper encore de diriger les
quatre compagnies séparées du 2ᵉ bataillon. Dans

ces circonstances, il donna alors le commandement de la 5e compagnie en plus au capitaine de
la 6e, celui de la 8e au capitaine de la 7e. Le bataillon fut, par le fait, partagé en deux demi-bataillons, ayant chacun un but particulier, celui de
droite devant enlever le bouquet de bois de la
chaussée, tandis que celui de gauche forcerait le
terrain découvert.

La 7e compagnie était en tirailleurs à hauteur
de la lisière nord du bois 527, s'étendant jusqu'à
la chaussée, et profitant de tous les abris du terrain. De là de petits groupes se glissèrent peu à
peu jusqu'aux tirailleurs isolés de la 8e compagnie, qui étaient restés couchés un peu plus loin.

A l'aile droite, le 5e compagnie, qui avait pénétré dans le bouquet de bois, avait tenu ferme.
Il y eut là à très courte distance un combat des
plus sanglants, qui fut d'autant plus difficile et
d'autant plus meurtrier que deux pièces de Sorge
tenaient la pointe extérieure du bois sous un feu
continu, tandis que les autres pièces de cette batterie de l'ennemi ripostaient à la 1re batterie à
cheval. Une masse de blessés se précipitaient déjà
en arrière le long de la chaussée d'Hohenbruck.

L'arrivée immédiate de la 6e compagnie ne fit
pas gagner davantage de terrain. L'ennemi fit un
retour offensif avec trois ou quatre compagnies le
long de la lisière ouest du bois; le soutien de la
6e compagnie, qui ne se composait que d'un peloton, voulut en vain s'y opposer; tout ce qui avait
pénétré dans le bouquet de bois dut rebrousser

chemin. Les deux compagnies se retirèrent sur Hohenbruck dans un désordre complet et avec de grandes pertes, et l'aile droite de la 7e compagnie suivit ce mouvement rétrograde.

Au moment où tout ce monde, vivement pour-suivi par l'ennemi, s'approcha des premières fermes du village, la 4e compagnie débouchait justement par la chaussée et la 1re par le sentier situé tout près à l'ouest. La 4e, qui était rompue par demi-sections, fut un instant mise en désordre par les fuyards, néanmoins les officiers par-vinrent à ramener leur monde en avant. La 1re réussit à se déployer et marcha à l'ennemi, en maintenant sa formation en colonne. La plus grande partie des fuyards des 5e, 6e et 7e compa-gnies se rallièrent à ces deux compagnies, ainsi que presque tout le peloton de la 12e compagnie, qui était en tirailleurs à la lisière. En même temps les parties de la 7e compagnie, qui étaient restées couchées, avaient non seulement dirigé leur feu dans le flanc droit de l'ennemi, mais les 2e et 3e compagnies, derrière le bois 527, avaient tourné à droite et s'étaient déployées le long du petit ravin qui en descend au nord. De plus, la 2e batterie de 4 restait tranquille dans sa position et dirigeait également son feu sur l'adversaire. L'ennemi, qui ne s'était pas avancé à plus de 500 pas au delà de la pointe extérieure du bois, se rompit sous l'effet écrasant de ces feux croisés et s'enfuit dans le bois. Nos troupes le suivirent sur les talons et pénétrèrent de nouveau dans le bois.

Le colonel, qui s'était aussitôt porté de sa personne à cette aile, dès qu'il l'avait vue en danger, ordonna de rassembler le plus rapidement possible, à la pointe même du bois, les détachements du 2ᵉ bataillon et du bataillon de fusiliers. On ne parvint néanmoins à grouper que 50 à 60 hommes des 5ᵉ et 6ᵉ compagnies. C'était toujours là une troupe compacte, quoique faible, commandée par un officier, dont on pouvait disposer pour soutenir le combat dans le bois, ou s'opposer à quelque nouvelle tentative des réserves ennemies en dehors du bois. Le reste des hommes avait été mis hors de combat, ou s'était joint aux 1ʳᵉ et 4ᵉ compagnies; un nombre très considérable avait préféré rester à Hohenbruck. Aussitôt que le colonel D le sut, il envoya l'adjudant-major au chef du bataillon de fusiliers avec la mission de rassembler les hommes des 1ᵉʳ et 2ᵉ bataillons, qui se trouvaient dispersés dans le village, et de les renvoyer très rapidement en avant. Quelques fusiliers, qui se trouvaient dans les soutiens nouvellement formés des 5ᵉ et 6ᵉ compagnies, furent renvoyés dans le village.

Dans cette nouvelle tentative de l'aile droite, le chef de la 7ᵉ compagnie avait essayé de gagner du terrain en avant avec la partie de sa compagnie, qui était encore dans sa position, et avait disposé aussi à cet effet la 8ᵉ compagnie pour la soutenir. Mais le violent feu de front, que l'ennemi entretenait du terrain au sud du col, força bien vite à y renoncer; il n'en réussit pas moins à

6

s'avancer d'environ 200 pas plus loin. La 8° compagnie, qui suivait en ordre serré, y subit aussi de nouvelles pertes, et comme les hommes ne pouvaient trouver aucun abri dans le terrain, même en se couchant, elle chercha à regagner le bois, où elle prit position à l'angle nord-ouest.

La 2° batterie de 4 reprit son feu contre le bois, qui se trouve au nord-est de Neu-Rognitz et est plus élevé que le précédent.

Il était 1 h. 45 m. La 3° brigade, en se portant en avant, avait déjà été entraînée à son aile droite à un combat sérieux, qui lui fit perdre beaucoup de monde, combat qui ne répondait pas aux vues générales, et qui pouvait facilement mal tourner, si l'ennemi amenait de plus grandes forces.

Tandis que ces événements se déroulaient *à l'aile droite* de la 3° brigade, voici ce qui se passait *à l'aile gauche* :

La 9° compagnie du 2° régiment, en colonne serrée, atteignit sans éprouver de pertes le mamelon boisé 527, et se porta à l'angle nord-est du bois, dont la partie sud était déjà remplie de détachements du 1er régiment.

La 12° compagnie, ainsi que les 5° et 8°, qui marchaient à sa gauche, purent couvrir entièrement leur marche dans la profonde dépression de terrain comprise entre les hauteurs 513 et 527, dont elles utilisèrent avec soin les abris. Lorsque les pelotons de tirailleurs de ces compagnies atteignirent la crête de l'ondulation de terrain, qui descend à l'est du sommet 527, ils furent accueillis,

à la distance de 400 ou 500 pas, par la fusillade
d'une forte ligne de tirailleurs, postés de l'autre
côté du vallon étroit situé en avant. Les trois compagnies se déployèrent aussitôt en tirailleurs, en
appuyant leur droite à la pointe sud du bois 527,
leur gauche s'étendant au delà des deux sentiers,
qui d'Alt-Rognitz traversent la partie est de ce
mouvement de terrain. A 1 h. 1/4, la fusillade devint
générale et très vive. L'artillerie ennemie avait de
la peine à tenir tête encore en face des batteries
de 6 ; elle ne tarda pas à disparaitre, mais pour
reprendre cependant encore son action bientôt
après dans des positions un peu en arrière. Il n'y
avait plus que quelques obus lancés sur notre infanterie.

Les quatre colonnes de compagnie des deux bataillons, qui suivaient en seconde ligne, purent
se porter en toute sécurité jusqu'à 200 pas environ de la ligne de tirailleurs, par la pente nord
escarpée de l'ondulation de terrain. Le 1er bataillon ne fut toutefois pas heureux dans sa marche
en avant. Comme il s'avançait en colonne d'attaque, la traversée des divers bouquets de bois
paraissant trop pénible, son chef avait préféré lui
faire traverser directement le terrain découvert,
pour le porter au delà du mamelon 513. Au moment où la colonne descendait la pente sud, elle
fut découverte par l'artillerie ennemie, qui avait
déjà réglé son tir sur la hauteur proéminente.
Une série d'obus successifs mit le désordre dans
ce bataillon ; les officiers parvinrent cependant

derrière le sommet à rétablir l'ordre en peu de temps. On se remit en marche aussitôt, séparé dès lors en deux demi-bataillons. Les 2ᵉ et 3ᵉ compagnies tournèrent la hauteur par la droite, les 1ʳᵉ et 4ᵉ par la gauche; les premières se dirigèrent ensuite contre le bois 527 et de là descendirent dans le pli de terrain situé à l'est; les deux autres prirent position à 200 pas derrière l'aile gauche de la 2ᵉ ligne. Lorsque le combat sur la chaussée lui parut prendre une mauvaise tournure, le général-major B, qui s'était rendu dans l'intervalle au sommet 527, ramena aussi les 2ᵉ et 3ᵉ compagnies jusqu'au nord du bois, qui se trouve en cet endroit.

Les circonstances n'avaient pas permis d'abord à la batterie de 4 d'agir. Elle en trouva cependant l'occasion, quoique dans une situation très difficile, quand les essaims de tirailleurs de l'infanterie eurent couronné l'ondulation de terrain 527. Le commandant de la batterie, pour qui il s'agissait de remplir ou non la mission qu'il avait de soutenir l'infanterie, ne perdit aucun instant pour s'avancer jusque dans la ligne de feu à l'extrême gauche, et s'y mettre en batterie entre les 5ᵉ et 8ᵉ compagnies. Il est vrai que là les pièces n'étaient qu'à 4 ou 500 pas des premiers tirailleurs ennemis; néanmoins le terrain y était particulièrement favorable à l'artillerie. On put abriter les avant-trains complètement et placer les pièces, de manière que la bouche seule dépassât la crête. De plus, la première ligne de l'ennemi se trouvait dans le fond de la prairie, de sorte qu'elle ne pouvait voir les servants, et que ces derniers n'avaient à redouter que le feu ouvert à plus de 700 pas sur eux de la lisière du bois situé au nord-est de Neu-Rognitz. Sans cependant s'inquiéter de ce feu, les pièces dirigèrent leur tir contre les deux batteries ennemies, conformément à l'ordre donné par le commandant de l'artillerie. En moins d'un quart d'heure, l'une, puis bientôt après la seconde, amenèrent leurs avant-trains et disparurent entre Neu-Rognitz et les bouquets de bois situés au sud-est du village. La 1re batterie de 4 y dirigea son feu, tandis que la 2e placée à son aile droite le dirigeait sur les troupes qui occupaient le bois élevé situé au nord-est du village.

Telle était à 1 h. 45 m. la situation du combat à l'aile gauche de la brigade. (Planche 2.)

4e brigade d'infanterie.

Pendant ce temps, la 4e brigade avait continué son mouvement : à midi 30 m., la tête du 3e régiment se trouvait en marche dans le village d'Alt-Rognitz, à environ 500 pas de la première ferme, deux bataillons du 4e régiment contournaient le bois situé tout contre la lisière nord-est. Le commandant du 3e régiment fit déboucher du village à droite son 2e bataillon, qui se trouvait en tête, dès qu'il eût dépassé la hauteur de l'aile gauche de la batterie de 6. Il prit position à gauche et en arrière des batteries, en ayant soin de se couvrir

derrière la hauteur 361. Pendant ce temps, le
1er bataillon et le bataillon de fusiliers continuèrent leur marche; la tête du premier tourna à
droite, près du chemin qui descend de la hauteur
de l'église, et se déploya dans les prairies près de
la ferme isolée qui y est située. Le bataillon de
fusiliers prit, au contraire, le chemin qui s'embranche à 400 pas en avant, sortit du village par
ce chemin, de telle sorte qu'il marchait déployé
à 400 pas environ de l'aile droite du 1er bataillon.
Tous les bataillons s'étaient formés en colonnes
de compagnies, groupées sur le centre.

L'incendie de deux maisons, auxquelles les obus
ennemis avaient mis le feu, retarda un peu le
mouvement; les bataillons éprouvèrent aussi quelques pertes, causées par des obus ennemis qui
étaient allés trop loin, au moment où ils passèrent
la partie du chemin située derrière les batteries
de 6.

Peu de temps auparavant, le général de brigade avait rejoint le régiment et avait dit au
colonel :

« Colonel F! vous commencerez l'attaque en échelons par l'aile gauche, pour
chercher à envelopper l'ennemi le plus possible. Le bataillon de gauche suivra le chemin qui conduit de l'église St-Paul et
St-Jean vers l'extrémité sud de Neu-Rognitz. Prenez immédiatement votre formation d'attaque, mais ne partez pas, avant

que je ne l'aie ordonné. Je veux encore attendre l'entrée en ligne du 4ᵉ régiment. »

Le général-major C donna encore la mission suivante à son aide-de-camp :

« Allez au bataillon de fusiliers du 4ᵉ régiment et dites au commandant de se tenir prêt à marcher, dès que le bataillon du 3ᵉ régiment, qui se trouve à sa droite, se portera en avant ; il devra ensuite remplir le vide entre ce dernier et l'aile gauche de la 3ᵉ brigade. Allez ensuite à la recherche du général-major B et dites-lui que la brigade commencera l'attaque, en échelons par l'aile gauche, que par conséquent il veuille bien ne pas commencer son mouvement, avant que mon aile droite ne soit arrivée à hauteur de son aile gauche. »

Le général-major C se rendit alors au 4ᵉ régiment ; il rencontra les bataillons de ligne de ce régiment des deux côtés de la petite prairie, qui part du pied de la hauteur de l'église et s'étend sur une longueur de 500 pas environ. Les têtes de colonnes s'étaient approchées jusqu'à toucher les jardins du village ; le régiment s'arrêta quelques minutes ; il avait exécuté sa marche, en mettant soigneusement à profit les moindres nuances du terrain. Dès le début, il avait contourné le bois situé au nord des premières maisons d'Alt-Rognitz ; ce bois était très épais ; puis il avait profité de la lisière nord, pour couvrir son mouvement derrière l'épaisseur du bois. Arrivé à la pointe Est, il ne pouvait plus trouver d'abri que dans le fond, où se trouve situé le village. Pour y arriver, il fallut traverser au pas la pente qui descend dans ce fond, et qui était trop escarpée pour permettre le pas de course. Le régiment mit bien 7 à 8 minutes pour la traverser, et il ne put, pendant ce temps, échapper à l'observation de l'ennemi. De plus, cet espace découvert se trouvait précisément dans la zône des projectiles des batteries ennemies, qui étaient aux prises avec les batteries de 6 ; mais heureusement la fumée de la poudre formait un nuage au dessus de l'enfoncement d'Alt-Rognitz, de sorte que l'observation de l'ennemi ne pouvait être que très incertaine. Il arriva ainsi que, si le bataillon subit quelques pertes, elles furent plutôt causées par des obus lancés trop loin, que par des projectiles réellement dirigés sur eux.

Le général de brigade amena le colonel G sur la hauteur de l'église, et lui donna les instructions suivantes :

« Le 3ᵉ régiment commencera l'attaque en échelons par l'aile gauche. Son bataillon de droite, que vous voyez ici en bas, doit s'avancer le long du chemin, près duquel il se trouve. Suivez-le en réserve, mais avant tout, ayez l'œil à assurer le flanc gauche ; j'appelle principalement votre attention sur les bouquets de bois qui s'étendent vers la gauche, dans la direction de Neu-Rognitz. »

Le général retourna au 3e régiment, et après s'être assuré que les dispositions nécessaires étaient prises, il donna l'ordre de commencer le mouvement (1 h. 20 m.)

Avant de parler de la marche en avant de la brigade, il est nécessaire d'examiner de plus près le terrain qu'elle avait à parcourir. Du sommet boisé 527, dont il a été si souvent question, se détache le contrefort qui descend insensiblement, en se dirigeant légèrement vers le sud-est, jusqu'au point où se touchent les deux villages d'Alt-Rognitz et Rudersdorf, situés dans le fond. Le pied en est borné au nord par des prairies, qui s'étendent sur une longueur de 1,800 pas environ jusqu'à l'église St-Paul et St-Jean. Au sud, le pied longe une deuxième bande de prairies de près de 4,000 pas de longueur, qui va sans interruption, si ce n'est en un seul point, de Rudersdorf à l'est, se rattacher au col 451 au sud du sommet boisé 527. La crête du contrefort indiquait la ligne, où le feu de l'ennemi devait produire le plus d'effet ; sur la pente nord, au contraire, les troupes se trouvaient complètement à l'abri. De l'autre côté de la bande de prairies, qui borde le contrefort au sud, l'attaquant a à parcourir 12 à 1,400 pas jusqu'à Neu-Rognitz, avec une pente à gravir qui, vue de loin, fait presque l'effet d'une muraille. La position des bois situés en avant avait aussi une certaine importance. Citons particulièrement celui qui se trouvait au nord-est du village, ainsi que les bouquets de bois situés contre le chemin qui vient d'Alt-Rognitz et va déboucher dans la partie sud du village. Ces deux groupes formaient comme deux bastions en avant des deux extrémités du village, dont la lisière est, sans être bien forte, était assez tranchante, et formait en quelque sorte la courtine. Il faut encore mentionner un petit bouquet de bois, qui se trouvait sur la pente, entre les deux groupes boisés, à environ 750 pas à l'est du village. Toutes ces parties boisées paraissaient, ainsi que Neu-Rognitz, fortement occupées par l'infanterie ennemie; des essaims de tirailleurs, quelque peu isolés, avaient été poussés de là jusqu'à la bande de prairies. Le tout formait une position défensive très forte, qui devait être des plus difficiles à enlever, et coûter en tous cas de grands sacrifices.

Le 1er bataillon du 3e régiment avait poussé ses 2e et 3e compagnies jusque sur la crête, à proximité du bois situé près du chemin creux; la 2e occupait ce bois avec ses pelotons de tirailleurs. Le reste de la compagnie avait reçu l'ordre de se porter tout d'abord jusqu'aux points, où les chemins traversent la prairie située en avant; la 3e compagnie devait alors en même temps occuper le bois situé plus au sud, et de là chercher à gagner du terrain par un vif mouvement à gauche, en profitant des oseraies du bas. Les 1re et

4ᵉ compagnies, encore formées en demi-bataillon, avaient été portées jusque tout près des
compagnies les plus avancées, et se trouvaient
ainsi à environ 400 pas en avant du bois, près
duquel le bataillon s'était tenu jusque-là.

Au nord du chemin carrossable, qui vient des
environs de la hauteur de l'église d'Alt-Rognitz,
se trouve un sentier, qui court presque parallèlement au premier et vient ensuite rejoindre le
chemin carrossable, un peu avant d'arriver à Neu-
Rognitz. Les 10ᵉ et 11ᵉ compagnies se tenaient
près de ce sentier à la même hauteur que le demi-
bataillon. Elles avaient toutes les deux couvert
leur front, en déployant leurs tirailleurs, et ne
devaient se porter en avant, qu'au moment où le
demi-bataillon se mettrait en mouvement. Le reste
du bataillon de fusiliers était resté en colonne
serrée à la lisière du village, à environ 400 pas
des compagnies avancées. L'aile droite du bataillon devait suivre, au moment de l'attaque, le
sentier indiqué plus haut.

Le 2ᵉ bataillon avait encore conservé provisoirement la position qu'il avait jusque-là, un peu
plus à droite ; les deux compagnies de tête seulement (6ᵉ et 7ᵉ) se trouvaient écartées à distance
entière. Il ne devait se mettre en marche, qu'au
moment où le demi-bataillon (du bataillon de
fusiliers), qui se trouvait en colonne serrée à sa
gauche, se mettrait en mouvement. On lui donna
pour direction les petits bouquets de bois situés
sur les deux sentiers, qui forment une espèce de

fourche à leur embranchement, ainsi que ceux qui se trouvaient au sud de ces deux chemins.

Tous les mouvements de détails pour le régiment avaient été préparés avec le plus grand soin. Cependant les choses se passèrent, dès le premier moment de l'exécution, tout autrement qu'on ne s'y attendait; et l'on vit clairement que l'on avait commis une faute fondamentale.

Au moment où fut donné l'ordre d'exécution, le peloton de tirailleurs de la 2e compagnie avait déjà engagé vivement le feu avec les tirailleurs ennemis embusqués de l'autre côté des prairies. Les deux pelotons de réserve de la compagnie cherchèrent à descendre aussitôt la pente en ordre dispersé, et en traversant la crête au pas de course; quelques hommes seulement purent gagner le fond du terrain; la masse, surprise par la violence du feu de l'ennemi, fit demi-tour et se précipita en arrière. Dans cette tentative, le commandant de la compagnie et deux chefs de peloton furent mis hors de combat; ce ne fut que grâce aux efforts du chef de bataillon accouru aussitôt en toute hâte, que le mouvement de retraite fut arrêté à la crête même, d'où la compagnie ouvrit le feu. Le chef du peloton de tirailleurs en prit le commandement.

Tandis que l'attention de l'ennemi se portait de préférence sur ce point, la 3e compagnie réussissait à remplir la mission qui lui avait été assignée. La ferme, qu'elle devait atteindre, la couvrit quelque peu dans la descente, de sorte que le peloton de tirailleurs, ainsi que le soutien, qui le suivait en colonne serrée, parvinrent sans grande peine à gagner la ferme et ses abords. De là elle envoya immédiatement un nouveau peloton en tirailleurs dans les bouquets d'arbres des environs.

Le chef de bataillon put toutefois se convaincre qu'on n'atteindrait pas le but aussi facilement par une simple marche en avant, et qu'ici aussi il fallait d'abord préparer l'attaque par un feu efficace. Dans ce but, il poussa encore la 4ᵉ compagnie dans le terrain situé entre les deux fermes ; elle fit aussitôt déployer un peloton en tirailleurs, et remplit de cette façon l'espace resté libre entre les deux compagnies. Le bataillon avait dès lors 6 pelotons au feu. Cette force paraissant visiblement supérieure aux tirailleurs avancés de l'ennemi, le terrain ne permettant certainement plus, du reste, de déployer plus de monde, il ne restait plus qu'à attendre provisoirement le résultat de cette fusillade.

Le mouvement du bataillon de fusiliers dépendait, d'après l'ordre donné, de celui de la partie du 1ᵉʳ bataillon restée, dès le début, en colonne serrée ; ce bataillon ne s'était donc pas encore mis en mouvement. Le colonel lui prescrivit bientôt cependant de s'avancer jusque près de la crête et d'y ouvrir le feu, ce qui fut exécuté par les 10ᵉ et 11ᵉ compagnies. Ces compagnies n'y employèrent d'abord que leurs pelotons de tirailleurs, mais elles se virent, bientôt après, obligées de les renforcer

par un 2e peloton, dont les hommes se portèrent
en partie sur les ailes, en partie doublèrent la
ligne de feu.

Pareil ordre fut envoyé aussi par le colonel au
2e bataillon, qui s'avança, en conséquence, le
long du chemin en forme de fourche, prescrit
pour ce mouvement. La 7e compagnie, complètement déployée en tirailleurs, gagna les deux
petites fermes, qui se trouvent au nord et près de
la bande de prairies. La 6e compagnie, qui n'avait
déployé que son peloton de tirailleurs, resta à
droite en arrière près de la crête, et relia ainsi
complètement la brigade avec l'aile gauche de la
3e brigade.

Au lieu de se porter en avant en échelons,
comme on en avait eu l'intention, on s'était vu
forcé de déployer toute la première ligne, pour
attaquer de front.

Le bataillon de fusiliers du 4e régiment s'approcha de la ligne avancée, et rallia en marchant
la compagnie détachée un peu à gauche; les
deux batteries de 6 amenèrent leurs avant-trains
et se portèrent également en avant au trot. Les
deux autres bataillons du régiment, au contraire,
se tenaient encore à l'abri derrière la hauteur de
l'église, mais ils avaient préparé des passages
commodes à travers le village; près d'eux était
arrivé le régiment de hussards. Ce régiment
envoya un peloton du 3e escadron au delà de Rudersdorf, pour couvrir le flanc gauche, tandis que
les deux autres pelotons restant de l'escadron
éclairaient le terrain jusqu'à l'Aupa.

Telle était la situation à la 4ᵉ brigade, à 1 h. 45 m. (Planche II.)

REMARQUES SUR LES ÉVÉNEMENTS SURVENUS A LA 2ᵉ DIVISION D'INFANTERIE.

(De midi 1·2 à 1 h. 3/4.)

Dispositions de la division.

L'espace de temps, que nous venons de parcourir, embrasse la continuation des mouvements préparatoires de l'attaque, et est en partie rempli par la préparation de cette attaque au moyen du feu de l'infanterie. Ce feu dure déjà depuis environ 3/4 d'heure à l'aile droite de la division, depuis 15 à 20 minutes seulement à l'aile gauche, tandis que l'artillerie est déjà en action depuis plus de 5/4 d'heure.

Il peut se présenter certainement des circonstances, où la préparation de l'attaque par l'artillerie à une grande distance pourra suffire, et où l'attaque par l'infanterie devra se faire, sans plus tarder, de même qu'aussi dans d'autres, l'artillerie non seulement préparera, mais décidera l'adversaire à évacuer la position. Quoique nos obus aient amené l'ennemi à abandonner des points qu'il occupait en avant, et quand même on remarquerait un effet produit par eux dans la position ennemie, il faut se garder de croire que le moment est venu de lancer, sans plus tarder, l'infanterie à l'assaut définitif. Il vaudra mieux tenir pour certain, *qu'un tel assaut, après avoir été préparé par l'artillerie, ne devra se faire que lorsqu'il aura aussi été préparé par le feu de l'infanterie.* Il s'agit donc surtout de rapprocher l'infanterie de l'ennemi jusqu'à la portée efficace du fusil.

Le premier rôle de l'artillerie, *appelée à préparer une attaque*, sera donc de détourner l'attention de l'artillerie ennemie, en l'attirant sur elle et de la forcer à évacuer la position; elle pourra ensuite diriger ses coups contre l'infanterie ennemie. Notre infanterie cherchera en même temps, dès le commencement, à porter ses essaims de tirailleurs aussi loin que possible, pour diriger aussi son feu sur l'adversaire. Ces deux points sont exécutés par la division à 1 h. 3/4, dans le cas qui nous occupe, et le moment décisif de l'attaque s'approche alors. Il faut bien encore auparavant attendre que l'ennemi soit ébranlé, qu'on ait gagné des points avantageusement placés, qu'on ait acquis le sentiment de sa propre supériorité; enveloppé le flanc de l'ennemi; autrement il ne faudra pas s'étonner si l'attaque ne réussit pas, malgré le soin qu'on a mis à la préparer jusqu'ici. Il est évident que, pour qu'une telle attaque soit rationnelle et bien menée, il faut aujourd'hui beaucoup plus de temps que par le passé, et, d'un autre côté, qu'une attaque, qui n'aura pas été préparée à fond, a peu de chances de réussir; on doit prévoir, au contraire, que les troupes, qui l'auront entreprise, ne seront plus de longtemps en état d'être employées à une deuxième attaque.

On ne doit donc pas s'étonner qu'ici, où l'on n'a
à traverser qu'un espace de terrain peu étendu, il
se passe plus d'une heure et demie, avant que les
brigades ne soient en état de pouvoir tenter, en
général, un effort décisif. Mais il ne faut pas non
plus critiquer les instructions détaillées, qui ont
été données et dire : cela n'aura pas lieu dans la
réalité ; on n'en a pas le temps ! *Que cela n'ait pas
lieu, là est précisément le tort.* Nous avons besoin
d'instructions détaillées aujourd'hui plus que
jamais, et nous devons, autant que possible, chercher à prendre le temps, qui nous est nécessaire à
cet effet. Dans certains cas, on ne pourra certainement pas le faire, par exemple, quand on s'engage dans un combat, où l'on est réduit à l'extrémité, ou quand il s'agit de secourir des troupes en
déroute. D'un autre côté, on pourrait trouver
dans le passé un grand nombre de cas, où l'on
aurait eu le temps suffisant pour donner des
instructions détaillées, sans que pour cela on ait
mis le temps à profit. Le spectacle, qui se déroule
en avant sous les yeux du général, qui n'est pas
encore appelé à l'action, est si intéressant et si entraînant, que maintes fois on oublie de s'y préparer, quoique l'on prévoie que l'on va bientôt être
appelé à être acteur dans ce drame.

On voit que le général de division a, dans le
cas présent, gardé un rôle passif. Il est resté à son
observatoire jusqu'à ce que les mouvements préparatoires prescrits fussent terminés, puis il s'est
approché de la ligne du combat, pour pouvoir

7

mieux juger l'ensemble et en même temps engager rapidement l'action. La présence du général près des troupes engagées ne manquera jamais de produire une bonne impression; elle sera même nécessaire au début d'une campagne, mais plus tard, il ne faudra cependant le faire qu'avec mesure. En se portant trop près de la première ligne, on perd de vue l'ensemble, et il devient plus difficile de prendre avec le calme nécessaire les dispositions, qui embrassent tous les moyens d'action. Les motifs, qui doivent diriger le choix de l'observatoire, ont été indiqués plus haut; on cherche à pouvoir embrasser de l'œil le combat, tout en gardant la possibilité de diriger l'action.

Deux points paraissent cependant discutables dans la conduite du lieutenant-général A. On peut se demander d'abord pourquoi il n'empêcha pas la marche en avant de la 3e brigade, et ensuite, pourquoi il ne pressa pas la 4e brigade de commencer son mouvement, après qu'elle eût terminé son déploiement. La critique ne doit pas se hâter de prononcer dans ces deux circonstances. Plus sont grandes les masses de troupes qu'un général a sous la main, plus les conditions de temps et d'espace en rendent le maniement difficile et long, et l'exécution n'est jamais aussi rapide que la pensée le voudrait.

Nous avons déjà fait remarquer combien un général doit se mettre en garde de vouloir précipiter par des instances réitérées le mouvement des troupes. On ne doit le faire, que quand il s'agit

de ranimer une troupe dont les forces sont épuisées. Les troupes sont, d'ailleurs, bien suffisamment disposées à faire tous leurs efforts, pour
prendre part aussi vite que possible au combat.
C'est pour ce motif que le général attend, avec
calme d'abord, que ses colonnes débouchent hors
du village, ensuite il voit comment les bataillons
se forment à la lisière ; mais il modère l'impatience, qui accompagne son désir de les voir se
porter au feu, parce qu'il espère, d'instant en
instant, qu'elles vont prononcer leur attaque ;
enfin, il envoie son officier d'état-major, pour connaître les motifs du retard , mais de la hauteur
425, où se tient le général, jusqu'à l'extrémité de
l'aile gauche de la 4ᵉ brigade, il y a plus de
2,000 pas, et il faut du temps pour s'y rendre.
Le général se représente déjà dans son esprit la
position que les troupes doivent occuper, conformément à son plan ; mais il ne pourra que rarement espérer que l'exécution se fera dans le plus
court espace de temps imaginable, et répondra
dans toutes ses parties au projet qui plane dans
son esprit. Des mesures des chefs en sous-ordre
pourront effacer, effaceront même quelques traits
du projet primitif, et le général devra se trouver
heureux, si l'ensemble de son idée n'est pas altéré.
Il en fut ainsi ici, où la marche un peu préma-
turée d'une brigade, le mouvement un peu tardif
de l'autre, ne détruisirent pas les parties essen-
tielles du plan, qu'il avait conçu. Il ne faut pas
perdre de vue que l'exécution est dévolue à des

hommes, qui ont leur manière de voir indépendante, et que les mesures de l'ennemi ont aussi
leur influence.

Nous voyons une deuxième fois l'officier d'état-
major quitter son chef; mais les deux fois, c'était
par suite de situations, où il importait de juger
exactement en lieu et place ce qui se passait, et
pour pouvoir décider si les circonstances, qu'on ne
pouvait apprécier de loin, donnaient lieu à communiquer ou non un nouvel ordre. Dans tous les
cas de ce genre, il faut envoyer de préférence l'officier d'état-major; mais quand il s'agit de porter
des ordres positifs, de prendre des informations,
de faire des rapports sur ce qui se passe en quelques points, il faut surtout employer les aides-de-
camp et les officiers d'ordonnance. Dans la pratique, on emploiera certainement toujours celui
dont le cheval est le plus frais, ou qui est au repos
depuis le plus longtemps.

La 3ᵉ brigade d'infanterie.

Une position d'attente avait été prescrite à la
3ᵉ brigade d'infanterie, jusqu'à ce que la 4ᵉ eût
exécuté son mouvement et fût prête à engager le
combat.

Le général-major B, en portant sa brigade en
avant jusqu'au mouvement de terrain 527, n'avait
nullement l'intention de commencer l'attaque; il
voulait seulement se mettre en meilleure situation
pour le moment, et en mesure de la préparer convenablement.

Les faits montrent que cette intention n'a été qu'incomplètement remplie, puisqu'à l'aile droite, au lieu d'une préparation à l'attaque, on rencontra un combat très sérieux, pour lequel le 1ᵉʳ régiment dut employer sept de ses neuf compagnies disponibles.

Les motifs des écarts qui se produisirent dans ce qui se passa aux deux ailes de la brigade sont faciles à saisir. A gauche, le terrain permettait de s'avancer complètement à l'abri, et la ligne des tirailleurs trouvait une position favorable, d'où elle pouvait ouvrir son feu. Il en était autrement à l'aile droite. Il y avait 1,200 pas à parcourir, avant d'atteindre la position ennemie, et dans tout cet espace, le terrain montait en pente continue et était complètement dominé par les coups de l'adversaire. On trouva bien, à la vérité, dans le pli de terrain, compris entre la lisière nord du bois 527 et la chaussée, un appui qui n'était pas sans importance, ce pli de terrain permettant de s'y rassembler et de reprendre haleine, après avoir parcouru la moitié du chemin, quoique la disposition du sol ne favorisât pas encore l'ouverture du feu. Mais des bouquets de bois situés à l'est d'Hohenbruck, on n'avait pas du tout découvert la présence de ce pli de terrain; le terrain en avant de soi ne se présentait que sous l'aspect d'un terrain escarpé et montant continuellement vers Neu-Rognitz, et, par conséquent, on n'avait pas non plus prescrit aux essaims de tirailleurs de s'arrêter à hauteur de la lisière nord du bois 527,

mais bien de s'avancer jusqu'à hauteur de la lisière
sud de ce bois. Des erreurs de ce genre dans l'appréciation du terrain produisent à chaque instant
une série d'illusions, dont il faut avoir soin de
tenir compte, précisément à cause de cela. De
loin, on croit avoir devant soi une plaine unie, et
quand on arrive à s'y engager, on découvre des
enfoncements où des brigades entières pourraient
souvent échapper aux regards de l'adversaire.

Quand on marche en avant, l'on peut et l'on
doit profiter avec usure de circonstances de
cette sorte, et les officiers inférieurs ne sauraient
veiller avec trop de soin, à ce que ces avantages
n'échappent pas à leurs yeux. La plupart du
temps la plus grande partie des hommes sauront
déjà bien se jeter d'eux-mêmes derrière de tels
abris, que l'on aperçoit le plus souvent dans les
premiers moments de la marche en avant. On a
encore l'œil dirigé sur l'ennemi, toutes les parties
de la ligne des tirailleurs s'efforcent du moins encore de rester à la même hauteur, tandis que les
couverts, qui ne se trouvent pas toujours placés
parallèlement devant le front, sont constamment
occupés irrégulièrement, et qu'on les passe, sans
y faire attention, parce qu'en quelques secondes
une partie des hommes les ont dépassés, et que
d'autres parties de la ligne des tirailleurs ne sont
pas à même de s'en servir.

Il en est certainement tout autrement dans la
marche en avant qui suit, dès que le feu de l'ennemi a sensiblement refroidi l'ardeur de nos

troupes. Le moindre mouvement de terrain n'échappe à l'œil de personne, mais ce n'est plus pour se défiler, mais bien pour se cacher.

Quoiqu'il en soit, la traversée d'un espace, de la nature de celui qui se présentait ici en avant de l'aile droite de la brigade, est une des tâches les plus difficiles, qui puissent incomber à une troupe. On s'y engage et l'on ne tarde pas à se convaincre qu'il faut marcher à l'ennemi en avant, sans s'arrêter, car un arrêt ne paraît pas possible, sous une grêle de balles écrasante, mais l'on se voit cependant bien vite forcé de s'arrêter par cette raison même, principalement en raison des pertes qui en résultent, ou bien l'on cède à l'impression morale autant qu'à l'impression physique et on tourne le dos à l'adversaire.

Dans de pareilles circonstances, on doit bien se rendre compte d'avance qu'il n'y a lieu d'avancer sur un pareil terrain, que s'il faut décider l'action. Les sacrifices qui en résultent sont trop grands et affaiblissent trop les forces, pour engager de plein gré un combat de pied ferme sur ce terrain. Les circonstances ne peuvent l'autoriser que si, dans une attaque décisive, il est devenu impossible aux forces disponibles de pousser plus loin, et si la troupe est assez brave et assez disciplinée pour ne pas faire demi-tour, ou si elle n'a pas subi déjà des pertes, de nature à empêcher plus longtemps son maintien dans la zône dangereuse des armes.

Il résulte de ces considérations qu'ici la marche en avant de l'aile gauche de la brigade peut en quelque sorte être justifiée par les raisons indiquées plus haut, tandis qu'il eût été mieux d'arrêter celle de l'aile droite au terrain situé en avant d'elle. Quand la 4ᵉ brigade se déploierait, ce serait seulement alors le moment de mettre aussi en mouvement l'aile droite de la 4ᵉ brigade.

Par suite du soin qu'on doit apporter aujourd'hui dans ses dispositions, les moments d'attente, en petit comme en grand, seront beaucoup plus nombreux qu'autrefois. Ainsi qu'on l'a déjà remarqué, l'adversaire déployé est déjà suffisamment tenu en échec par nos troupes prêtes à l'attaque. Mais qu'on se garde bien, si l'on doit encore attendre, de les avancer trop près de l'ennemi dans le terrain découvert, sans quoi on ne tient plus en général dans la main le cours des événements, que l'on cherche à maîtriser.

La brigade était formée dès le début du combat, par régiments accolés. Cette formation permettait, au fur et à mesure que l'action se déroulait, de prévenir le mélange des troupes, au moins de régiments différents, et d'en régler complètement la conduite. Dès que la première ligne s'engagea, son front s'étendit sur une longueur de 2,000 pas. Si cette ligne n'eût été formée que d'un seul régiment, il eût été impossible au colonel de se trouver au moment opportun à tous les points, où sa présence était nécessaire. Si, par exemple, le combat qui avait échoué près de la chaussée exigeait sa présence, il ne pouvait plus rien savoir de ce qui se passait à l'extrême gauche, à 1,200 pas

à l'est du bois 527. D'autre part, la première ligne,
ayant employé tous ses soutiens, pouvait avoir
besoin de nouveaux renforts; le 2ᶜ régiment aurait
dû alors se porter en ligne, et il était pour cela
forcé de *doubler* le premier. Il en résultait alors
un mélange des deux régiments dans la ligne de
bataille, et leurs colonels, obligés de courir d'un
bout à l'autre de la ligne, eussent été forcés de
disposer, suivant le besoin, des compagnies de
l'un et de l'autre. Il était presque inévitable, dès
lors, de ne pas voir se contrecarrer les dispositions
des deux colonels, et l'on n'aurait pas tiré de la
troupe tout l'effet qu'on pouvait produire. On peut
certainement diminuer cet inconvénient, en donnant le commandement de l'aile droite à l'un des
colonels, celui de l'aile gauche à l'autre. Il en résulte encore que chacun d'eux a à conduire des
compagnies de l'autre régiment, tout en étant
obligé de céder une partie de son monde. En
outre, cette répartition n'a pu se faire que lorsque
l'un des colonels a déjà, pendant un certain temps,
soutenu seul le combat avec son régiment. Voilà
maintenant qu'on limite son commandement à
une partie de la ligne; l'autre colonel, entrant
alors au combat, est étranger à ce qui s'est passé
jusque là à l'autre partie de la ligne, et il lui faut
dès lors poursuivre une action qu'il n'a ni engagée, ni projetée! A quoi se réduirait donc l'unité
de régiment, si l'on veut la briser au moment où
elle a à faire ses preuves les plus difficiles, au
moment du combat!

Pour pouvoir diriger un combat et faire donner au moment opportun les troupes appartenant à un même corps, il faut non pas les étendre en largeur mais bien les ranger en profondeur. Le meilleur moyen d'y arriver, c'est de placer les régiments côte à côte dans la brigade, les bataillons l'un derrière l'autre dans les régiments ; c'est ce qu'on appelle la formation *par régiments accolés.*

Pour préparer le combat, en partant de cette formation, on dispose de la première ligne des bataillons de fusiliers ; on les déploie en partie ou en totalité suivant le besoin ; les deuxièmes bataillons sont employés à prolonger la ligne ou à l'appuyer directement. Les derniers, qui sont placés à distance entière, peuvent aussi se charger de couvrir le flanc, ou être employés à prendre eux-mêmes l'ennemi en flanc. Chaque colonel est ainsi orienté dès le premier moment sur les circonstances, au milieu desquelles son régiment se présente au combat ; il est à même de renforcer ceux qui combattent en avant, et ne dispose pour ce but que de compagnies, qui lui appartiennent en propre. La mission du général de brigade consiste toujours à maintenir la liaison des deux régiments et à diriger la réserve, composée des deux premiers bataillons, qu'il garde à sa disposition particulière. Il lui sera possible alors de garder la direction du combat plus longtemps dans la main au moyen de ces réserves, que si, dès le début, ses deux régiments s'étaient placés en ligne l'un derrière l'autre, et se fussent par suite mélangés dans la ligne du combat.

Dans la formation d'un bataillon en colonnes de compagnie, groupées sur le centre, le mieux sera d'employer d'abord les deux compagnies de tête. La disposition différente, que prit le 2ᵉ bataillon du 1ᵉʳ régiment, peut peut-être s'expliquer, parce que, dans la première, position le bataillon avait déjà séparé ses quatre compagnies, et que les 5ᵉ et 8ᵉ se trouvaient le plus près sous la main pour la marche en avant.

L'exemple du 1ᵉʳ régiment nous montre ici *l'action dissolvante du combat, même au bout de peu de temps.* Ce régiment ne dispose plus à 1 h. 45 m., après avoir déduit les deux compagnies qui occupent Hohenbruck, que de trois compagnies en ordre serré (2ᵉ, 3ᵉ et 8ᵉ) dont l'une, la 8ᵉ, est déjà très ébranlée. De ses neuf compagnies, six sont déjà dissoutes et en partie fort malmenées. Les hommes de la 1ʳᵉ, 4ᵉ, 5ᵉ et 6ᵉ compagnies sont jetés les uns sur les autres près de la chaussée, des portions des 7ᵉ et 12ᵉ compagnies sont en outre aussi aux prises en cet endroit. Cette situation ne permet plus de soutenir un combat de pied ferme, comme on le faisait en ce moment au bois 527. Ici il s'agit plutôt de poursuivre les avantages obtenus et d'en profiter; sinon, il est probable que l'ennemi ne tardera pas à nous les enlever de nouveau. *Par conséquent, la mission du colonel sera donc principalement de procurer à cette aile l'appui nécessaire et de la placer sous son commandement.*

La première marche en avant des 5ᵉ et 8ᵉ compagnies dans le terrain compris entre la chaussée et le bois 527 ne s'exécute pas comme elle avait été projetée. La 5ᵉ compagnie se jette dans les fossés de la chaussée et dans le petit ravin situé à l'ouest, la 8ᵉ se jette dans le bois déjà occupé par des fusiliers. Des faits de cette nature se produiront toujours là, où le terrain voisin offre quelque abri. On fera donc bien de diriger, dès le début, les troupes sur ces abris, et de les en faire profiter. Mais alors, si l'on veut agrandir la ligne de feu, on se verra, en fin de compte, néanmoins obligé de porter en avant des essaims de tirailleurs sur le terrain découvert le plus exposé au feu de l'ennemi. Si l'on ne peut éviter qu'ils ne se jettent de côté pour chercher un abri, le chef doit agir dans ce cas, comme l'a fait le commandant de la 7ᵉ compagnie. On déploie alors la ligne de tirailleurs autant que possible à une grande distance de l'ennemi, ou à l'abri d'un mouvement de terrain, de manière que le feu de l'ennemi ne puisse avoir tout son effet. Mais alors il faut examiner très exactement le terrain, car le but essentiel est de rapprocher le feu le plus possible de l'ennemi, pour tirer le plus grand profit de la facilité du tir et des dispositions morales des hommes, et pour exécuter cette marche en avant avec le moins de pertes possibles.

Dans maintes occasions, on pourra certainement porter tout à coup toute la ligne de tirailleurs de sa première position jusqu'à une petite ondulation de terrain, un fossé, etc., et *s'avancer*

ainsi par bonds. Mais ce serait une illusion de
croire que cela sera praticable dans toutes les circonstances et à tout moment. D'abord on ne
s'élance et on ne court pas aussi facilement quand
on a, comme ici, déjà parcouru plusieurs lieues,
sous un soleil brûlant de juin et le sac sur le dos.
Ensuite une partie de la ligne des tirailleurs, qui
a à traverser quelque espace particulièrement
soumis au feu de l'ennemi, préférera déjà se coucher en chemin ou même regagner son ancienne
position. Il paraît donc préférable d'attacher la
plus grande importance à faire avancer les hommes
sur l'ennemi, en se glissant successivement derrière tous les abris. On devra s'approcher assez
près de l'ennemi, pour pouvoir atteindre sûrement
les buts qu'il offre, quoi qu'il soit couvert. Si l'on
veut préparer une attaque par le feu de l'infanterie, il faut aussi faire subir des pertes réelles à
l'ennemi. Il ne suffit pas de tirer, il faut toucher.
Le chef d'une ligne de tirailleurs qui, déployée
à une grande distance de l'ennemi, s'est couchée
et a ouvert le feu, doit donc voir comment il peut
approcher sa ligne de l'ennemi le plus à l'abri possible. Y a-t-il quelque petite élévation, où l'on
puisse arriver en se baissant ou en rampant, sans
être vu de l'adversaire? il y dirigera la partie de
sa ligne qui se trouve le plus à proximité de ce
point. Mieux ses hommes parviendront à y arriver, plus ils détourneront l'attention de l'adversaire. C'est alors le moment pour ceux qui sont
restés en arrière, d'essayer de gagner aussi vite

que possible du terrain en avant de leur front. Le chef de peloton sera près de sa troupe la plus avancée, pour lui donner l'exemple, et pour pouvoir mieux s'orienter en avant ; pour diriger l'autre partie au moment voulu, l'emploi du sifflet est à recommander.

On aura bien aussi quelquefois à traverser une plaine rase, dépourvue de récoltes sur pied. On cherchera alors à s'avancer par bonds et en courant, aussi loin que le permettront les forces des hommes ; on pourra même, dans ce cas, commander le nombre de pas, qu'on a l'intention de faire parcourir.

On comprend pourquoi la 5ᵉ compagnie pénètre dans le bouquet de bois situé près de la chaussée ; on doit, en effet, toujours chercher, autant qu'on le peut, à gagner du terrain en avant et l'on ne pouvait laisser, sans l'utiliser, l'abri qu'offrait la pointe du bois en ce moment évacuée par l'adversaire. L'appui que lui apporte rapidement la 6ᵉ compagnie paraît tout aussi justifié, afin de se maintenir dans la partie du bois occupée. Il faut, à la vérité, toujours veiller à ce *que les soutiens ne s'engagent qu'en cas de besoin*, sans quoi toutes les troupes disponibles ne tarderaient pas à être elles-mêmes engagées, et se dissémineraient bientôt avant le moment. Mais, d'un autre côté, il importe aussi au plus haut degré *que les soutiens arrivent à temps aux instants critiques, et n'attendent pas seulement le moment de la défaite.* On ne peut donc qu'approuver la mesure prise par le

colonel, d'envoyer les 1re et 4e compagnies près de
la chaussée, aussitôt que la 6e compagnie s'est
engagée, pour servir de soutien à cette aile. Il en
résulte que les soutiens ne doivent pas être trop
loin des combattants, pour pouvoir arriver à temps.
Les deux compagnies viennent trop tard, pour
empêcher les 5e et 6e compagnies d'être débus-
quées avec des pertes considérables du bouquet de
bois, et si l'adversaire fut refoulé et la pointe du
bois reprise, ce fut plutôt le résultat du feu de
flanc écrasant, qui venait de l'est de la chaussée,
que celui de l'entrée en action des deux compagnies
de réserve.

Le retour offensif de l'ennemi montre, du reste,
comment les combats de bois, villages, se décident la plupart du temps par l'entrée en ligne de
réserves placées sur les ailes.

Au moment où elle s'engage, la 4e compagnie
se trouve dans une position très fâcheuse, par
suite des fuyards, qui se jettent sur elle et l'em-
pêchent d'abord de se déployer. Dans de telles
circonstances, une compagnie de réserve peut être
mise en défaite et en confusion, avant d'avoir
produit le moindre effet. Il faut donc conseiller
d'employer tous les moyens, même les plus rigou-
reux, pour que le front reste libre, dût-on même
faire feu sur celles de nos troupes, qui reviennent
en désordre.

Dans le cas présent, la 4e compagnie pouvait à
peine employer ce moyen, car les fuyards, qui
se jetaient sur elle, la surprenaient, sans qu'elle

les eût aperçus. Alors il ne reste plus aux officiers qu'à employer tous les moyens pour pousser toute la masse à marcher en avant, c'est à dire, à faire volte-face.

La situation de la 1ʳᵉ compagnie était moins critique. Elle parvint à achever son déploiement en ordre, et son chef la porta aussitôt à la rencontre de l'ennemi, encore formée en colonne. Certes la troupe dut être surprise de trouver tout à coup l'ennemi à très peu de distance en avant d'elle. Pour échapper à la fâcheuse influence morale de tels moments, le mouvement en avant, le déploiement rapide, la marche immédiate à l'attaque surtout, sont d'un grand secours. Le commandant de la compagnie aurait pu cependant prendre une autre mesure, qui probablement eût eu également un bon résultat, c'était de déployer immédiatement la compagnie entière en tirailleurs sur la lisière et de recevoir l'ennemi avec son feu. La nature du village aurait dû certainement aussi être prise en considération. On pourrait croire d'après le plan que le contour de ce village offre des facilités pour la défense, tandis que souvent en réalité ce contour, au lieu de marquer des haies ou des murs, dessine simplement la dernière rangée d'une plate-bande de choux.

On ne peut être surpris de voir beaucoup d'hommes du peloton de tirailleurs de la 12ᵉ compagnie, qui était déployée sur la lisière, se joindre à la marche en avant renouvelée contre le bouquet de bois. Il suffit de se représenter qu'un grand nombre d'hommes appartenant aux compagnies qui reculaient, comme à celles qui s'engageaient pour la deuxième fois, s'étaient trouvés tout-à-coup entre les divers groupes de cette ligne de tirailleurs, quand de tous côtés on criait : En avant! En avant! et que les fusiliers devaient croire que ce cri s'adressait à eux aussi bien qu'aux autres. Le chef du peloton de tirailleurs ne peut maintenir chacun d'eux en particulier et le commandant de la compagnie devra veiller à ce que cet officier ne donne pas encore mal à propos à ses hommes l'exemple de se porter en avant. On ne peut savoir mauvais gré au jeune officier, dont le peloton est resté depuis longtemps en tirailleurs et a même subi des pertes, sans oser prendre part au combat qui se donne en avant de lui, d'avoir profité de cette occasion favorable de causer pour sa part du dommage à l'ennemi, et de chercher à se distinguer. Cependant cela ne doit pas être; le peloton appartient à sa compagnie, et doit recevoir sa mission du commandant de cette compagnie; autrement il n'y aurait plus de direction.

Mais on peut se demander, d'un autre côté, s'il convenait de laisser encore à Hohenbruck les 9e et 12e compagnies, lorsque le combat était dans toute sa force au bouquet de bois de la chaussée. D'après ce qui a été dit déjà à ce sujet, pages 145 et 146, nous répondrons nettement non à cette question. Tant qu'on avait l'intention de n'étendre l'aile droite que jusqu'à la chaussée, la situation

8

gnéérale exigeait qu'on occupât Hohenbruck. Cependant lorsque le combat, contrairement aux intentions premières, se porta à cheval sur la chaussée et en avant du village, ou pouvait employer beaucoup plus utilement les troupes qui l'occupaient et assurer bien mieux la possession du village, en les faisant contribuer par leur concours à une issue favorable du combat près du bouquet de bois. Il eût donc mieux valu employer plus en avant les deux compagnies de fusiliers.

Après avoir forcé l'ennemi en avant d'Hohenbruck à faire demi-tour, il y avait intérêt à profiter de cette circonstance le plus possible, et surtout à reprendre le terrain qu'on avait perdu. On ne doit pas, dans de pareils moments interrompre le combat en arrêtant la troupe, pour la ranger et l'aligner. Tout ce qui est une fois engagé doit suivre l'ennemi sur les talons ; c'est ainsi qu'on voit ici des fractions des 1re, 4e, 5e, 6e et même de la 12e compagnies, pénétrer de nouveau à la pointe du bois. Mais, en même temps, il ne faut pas toutefois négliger, surtout avec les expériences qu'on vient de faire à la perte du bois, de se créer des soutiens pour cette masse d'hommes dispersés et mélangés les uns avec les autres. *Tout le monde ne suit pas l'ennemi en première ligne*, et l'on peut encore former de tels soutiens avec les hommes qui restent en arrière. L'on devra se trouver satisfait, si l'on peut avoir de nouveau dans la main une masse compacte, quelle que soit sa composition ;

s'il reste du temps, on pourra les subdiviser par
compagnie. En expédiant de nouveau l'aide-de-
camp à Hohenbruck, porr inviter le commandant
du bataillon de fusiliers à renvoyer en avant tous
les hommes des compagnies combattantes, restés
dans le village, le général prit une mesure qui
ne pouvait être superflue ; car nombre d'entre eux
auront saisi l'occasion d'échapper au danger, surtout si, comme ici, l'ordre a été détruit. Une compagnie pourra bien avoir à enregistrer des traits
héroïques de quelques hommes, mais il ne faut
pas s'attendre qu'ils soient tous des héros. C'est
là un fait avec lequel il faut compter ! Tant que
les hommes restent en ordre serré, il est plus facile
de les diriger suivant sa volonté. Aussitôt que
cet ordre est rompu, ne serait-ce même que par le
déploiement complet des pelotons en essaims de
tirailleurs, le chef doit avoir une double attention,
en veillant à ce qu'aucun d'eux ne reste en arrière,
ou comme disent les hommes : ne « se défile de
la troupe à laquelle il appartient. » S'il y a lieu
de porter en avant la ligne des tirailleurs d'une
position à une autre, sous un feu très violent de
l'ennemi, l'officier s'élance en avant en criant :
« Debout ! marche ! marche ! » et donne l'exemple
tête. En paix, tous le suivent jusqu'au dernier,
mais à la guerre, qu'il ne compte pas qu'il en
sera toujours de même. Souvent les plus braves
seuls le suivront ; un certain nombre se décidera encore à temps pour se joindre à eux, mais
d'autres attendront que le mouvement ait com-

plètement réussi ; quelques-uns même trouveront qu'ils sont suffisamment abrités contre les balles et ne bougeront pas. Dans de tels moments, c'est une excellente mesure à prendre par le chef, de donner à un sous-officier sûr la mission de s'arrê-ter principalement dans les premières positions et de veiller à ce que personne ne reste en arrière, mais que chacun suive le mouvement en avant. De telles mesures sont utiles aussi, du reste, avec des corps de troupes plus nombreux.

Nous aurons bientôt dans l'armée un nombre considérable de jeunes officiers, qui n'auront aucune expérience de la guerre. Il est bon de les familiariser aussi avec les ombres du tableau ; car l'imagination de la jeunesse ne se représentera que très rarement de telles vérités. Il faut enseigner la guerre au jeune officier, telle qu'elle se présente dans la réalité, afin que de tels moments ne puissent lui causer une surprise complète, et qu'il se trouve plutôt prêt à prendre des mesures convenables.

A la guerre, on voit se passer des faits même chez la troupe la plus brave et la plus disciplinée, que, sans l'expérience de la guerre, on n'aurait pas regardés comme possibles.

Nous allons à cette occasion tracer encore un tableau qui ne se présente pas pendant la paix.

La grande route de Trautenau et la position d'Hohenbruck près de cette route sont situées de telle sorte que, pendant le moment décrit dans notre esquisse, beaucoup de blessés, ainsi que beaucoup d'hommes les accompagnant, se sont rendus dans le village. De plus, il y a un grand nombre de non-combattants de diverses espèces, qui se rassemblent partout où il y a quelque couvert; ce sont les musiciens du régiment le plus voisin, les chevaux de main du régiment, peut-être aussi ceux d'un état-major, etc. Ajoutez à cela des voitures de munitions, de médicaments et les ambulances. Toutes ces diverses agglomérations se trouvaient là jusqu'alors dans une sécurité relative assez grande. Mais la scène change tout à coup, dès que le combat du bouquet de bois prend une mauvaise tournure. L'infanterie, qui combattait là, est rejetée en arrière par l'ennemi ; des fuyards isolés se précipitent dans le village, où siffle en tous sens une grêle de balles. Tout à coup il se produit un mouvement dans la masse restée jusqu'alors au repos. Tous les blessés, qui peuvent encore se trainer, cherchent à se soustraire au danger qui menace, les ordonnances avec leurs chevaux de main, toutes ces voitures diverses veulent se sauver et se mettent en mouvement avec précipitation, et au nord du village une masse désordonnée tourbillonne sur la chaussée de Trautenau et aux environs, lentement d'abord, puis de plus en plus vite, à la fin en pleine course. Pour peu que dans ce moment l'escadron de hussards fasse demi tour et revienne quelques centaines de pas en arrière, pour chercher à s'ouvrir un champ d'attaque suffisant, les troupes auront le tableau d'une panique complète. Un tel tableau ne contribuera pas à relever le moral, si nécessaire surtout dans de pareilles situations.

Pour en effacer l'impression, que l'on porte aussitôt les troupes en avant, pour peu que le terrain et les circonstances le permettent. Mais, en même temps, il faut aussi chercher à arrêter le torrent des fuyards; sinon ces derniers produiront encore toutes sortes de résultats fâcheux, entraîneront les équipages qu'ils rencontreront en route, et répandront des nouvelles alarmantes, qui pourront aller jusqu'à la mère-patrie. On ne peut mettre une digue à un tel torrent, qu'en parvenant à arrêter les plus avancés, et pour cela, il faut y envoyer des officiers et des détachements de cavalerie, pour chercher à les atteindre, et les forcer par tous les moyens de s'arrêter. Dans la situation actuelle, cette mission incombait naturellement au 4e escadron du régiment de hussards, et il aurait dû la remplir, en envoyant un officier et un peloton.

Nous avons jusqu'ici porté de préférence notre attention sur *les détails* de la phase du combat que nous avons décrite. Mais, comme le moment qui précède une attaque décisive est intimement lié avec le moment décisif, nous voulons anticiper ici sur la suite du récit et développer notre manière de voir sur le *combat de la brigade*.

Il s'agit donc ici de *la première formation à adopter par la brigade, de son mouvement en avant jusque dans le plus près voisinage de l'en-*

nemi, et enfin de son dernier élan pour déloger l'adversaire de sa position, dès qu'il n'y a pas été forcé par la fusillade.

En ce qui concerne *la formation à prendre au début,* celle par régiments accolés a déjà été indiquée comme la plus convenable. C'est sur cette base que doit s'effectuer le déploiement de la brigade. Les bataillons de fusiliers forment la première ligne, les deuxièmes bataillons la seconde, les premiers bataillons la troisième ligne ou la réserve du commandant de la brigade. Pour ne pas engager à la fois les bataillons de tête en totalité, il convient de former une avant-ligne particulière, en portant en avant deux compagnies de chacun des deux bataillons.

En raison de l'effet destructeur du feu, les dernières lignes doivent *offrir à l'ennemi le but le plus restreint possible, et en même temps être en état de pouvoir utiliser au mieux les abris du terrain.* S'il n'y avait à s'occuper que de ce point de vue, assurément il suffirait de recommander de fractionner la brigade en colonnes de compagnie et même de la disperser en essaims de tirailleurs. Mais il faut tenir compte d'une *autre condition, c'est de garder dans sa main la possibilité de diriger les troupes selon ses vues, ce qui semblerait exiger qu'au lieu de la fractionner, on la groupe par masses compactes.* Ce qu'on peut faire dans la pratique se trouve entre ces deux extrêmes: dispersion des groupes, là où on ne peut avancer autrement; concentration partout ailleurs et dans tous les moments où les circonstances le permettent.

Ainsi, par exemple, le 1er bataillon du 1er régiment pouvait ici rester en colonne d'attaque, puisqu'il pouvait marcher complètement à couvert jusqu'au sommet 527. Des obus égarés pourront bien y produire quelques pertes, mais aucune formation ne peut vous garantir contre cette éventualité. Le bataillon de réserve (le 2e) du 2e régiment aurait pu en faire autant, si son commandant n'eût pas agi trop à la légère. Mais au lieu de prendre le petit détour, en tournant le bois situé à l'est du sommet 513, il préféra choisir le chemin plus court qui traverse le sommet même. Il offrait ainsi un but favorable à l'artillerie ennemie, dont le tir était réglé, et le bataillon fut prématurément disloqué par quelques obus bien dirigés. Le bataillon se partagea ensuite en deux demi-bataillons, tourna le sommet par les deux côtés, et resta finalement longtemps séparé. Aussi cette mesure ne paraît pas justifiée, car on ne doit pas partager ses troupes, quand cela n'est pas absolument nécessaire. Il y avait là assez de terrain couvert pour se porter en avant avec tout le bataillon réuni, du moment qu'on aurait agi avec un peu plus de prudence que la première fois.

On adoptera, en conséquence, la colonne d'attaque pour *les bataillons de réserve* (3e *ligne*) *d'une brigade*, tant qu'ils ne sont pas exposés au feu direct de l'artillerie ennemie. Les coups longs de la mousqueterie leur arriveront, il est vrai, en assez grande quantité et produiront des pertes

dans leurs rangs, mais ce ne sont que des coups
de hasard, toute l'attention de l'ennemi se portant
sur notre première ligne engagée. Il faut supporter tout aussi bien les balles venant par hasard
que les obus égarés de l'ennemi ; il n'y a aucun
moyen de s'en garer. La formation en colonnes de
compagnie, avec intervalles, changerait même
peu la situation, à moins que le terrain ne soit
particulièrement favorable, puisque les projectiles
sillonnent le terrain dans tous les sens. Mais, en
revanche, du moment que l'artillerie est en pleine
action et que le sol n'offre aucun abri pour s'en
garer, on ne peut guère se dispenser de former la
dernière ligne en demi-bataillons ou en colonnes
de compagnie ; car les pièces de l'adversaire choisissent les buts les plus favorables, et les masses
épaisses des réserves, qu'on aperçoit, les tenteront
plus que les lignes de tirailleurs déployées.

Il en est tout autrement *des troupes de la deuxième
ligne*. Celles-ci arrivent plus tôt dans la zône efficace de la mousqueterie ennemie, de sorte qu'elles
peuvent lui servir d'objectif. Cependant on devra
maintenir les bataillons concentrés, là où le terrain présentera quelque couvert, et on ne les dé-
ploiera en colonnes de compagnie, que dans le cas
où ils ne seraient pas suffisamment couverts, pour
mieux profiter des moindres ondulations du sol.
C'est de cette manière que nous voyons ici s'avancer toutes les troupes de la 2ᵉ ligne de la 3ᵉ brigade.

C'est principalement dans *la première ligne* seulement que l'on trouve l'occasion d'employer de gros essaims de tirailleurs, qui peuvent se composer de compagnies entières, et même, suivant le besoin, des deux bataillons de tête tout entiers.

C'est ainsi que nous concevons la formation à adopter pour l'attaque. Cependant on peut, dans certaines circonstances, s'écarter de la formation en colonne. Qu'on se couche à terre, qu'on se mette à genoux, qu'on se déploie en ligne, si les accidents du terrain, l'existence d'un fossé, par exemple, permettent de mieux s'abriter; il peut aussi être avantageux de rapprocher l'une de l'autre les colonnes de compagnie d'un bataillon.

Par contre, nous nous élevons contre un déploiement des dernières lignes en tirailleurs; on n'aurait plus assez les hommes dans la main, et s'ils venaient à subir des pertes, ils seraient bien vite tentés d'ouvrir le feu à leur tour, ce qui pourrait être fort désagréable pour la première ligne.

En ce qui concerne *le mouvement en avant*, le but que l'on doit se proposer avant tout, ainsi qu'on l'a déjà indiqué plusieurs fois, c'est *de préparer l'attaque par son feu*, et, pour cela, il faut s'approcher le plus possible de l'ennemi. Nous avons déjà, en parlant de l'aile droite de la 3e brigade, examiné ce qui concerne les essaims de tirailleurs portés en avant; les pertes vont bientôt en éclaircir les rangs, et cependant le feu ne doit pas perdre de son intensité; il faut donc les renforcer. A cet effet, les soutiens les plus voisins se déploieront aussi et s'encadreront là où ils trouveront

place. En temps de paix, on pourra arriver à ce
doublement, en resserrant les intervalles des tirailleurs déjà engagés; mais, à la guerre, la chose est
impraticable. Le mélange des compagnies, plus
tard même des bataillons, est inévitable; il n'en
est que plus nécessaire de prendre dès le début une
formation, qui permette de conserver au moins la
cohésion dans l'intérieur des régiments.

Cependant il faut remplacer les soutiens qui
viennent de se déployer par d'autres. Ces derniers,
comme les lignes qui suivent, devront se porter
successivement de leur première position sur des
points de plus en plus avancés, en s'exposant au
moins de pertes possibles. On peut le faire de bien
des manières. Si le terrain le permet, ou s'il n'y a
qu'une partie du terrain qui soit battue par les
tirailleurs ennemis, on pourra rester en colonne
de bataillon, ou les fractions de la seconde ligne
pourront de nouveau resserrer leurs intervalles. Il
ne faut pas hésiter à prendre des détours, s'ils ne
nuisent pas à la cohésion des troupes. Là où les
circonstances ne seront pas aussi favorables, on
fera marcher les compagnies isolément; on pourra
même, suivant le cas, ne les déplacer que par pelotons, les compagnies et les bataillons se refor-
mant de nouveau en un point désigné d'avance;
on pourra même faire avancer les pelotons séparé-
ment, en ordre complètement dispersé.

*Mais il faut toujours avoir soin de rétablir la
cohésion des unités tactiques, derrière tous les abris
que présente le terrain.* Dès que ces abris le per-

mettront, les compagnies se rapprocheront l'une de l'autre, s'il est possible, on reformera des demi-bataillons ou des bataillons entiers; on ne maintiendra certainement pas toujours par là la cohésion de la ligne.

D'ailleurs, *plus le moment de l'attaque décisive approche, plus les dernières lignes doivent serrer sur les premières.* Car, dans le dernier moment, il ne s'agit plus que d'un court élan de la première ligne et l'affaire est très vite décidée, en bien ou en mal. Les soutiens doivent donc s'engager, avant qu'un échec se produise; mais ils viendront trop tard, s'ils n'arrivent au feu que huit ou dix minutes après l'échec.

On devra donc prendre, comme distance normale entre les lignes, *une distance considérable,* mais il sera permis de la réduire dans tous les cas, où on pourra se rapprocher plus près de l'ennemi. Si l'on admet, comme distance normale, 400 pas, il y aura, dans une formation de trois lignes avec une avant-ligne, 1,200 pas entre les réserves et la ligne de feu la plus avancée. En y ajoutant la distance de cette ligne à l'ennemi, les réserves ne seront pas assurées de ne rien perdre, mais elles seront en dehors de la portée efficace du tir. Ce serait toutefois un tort, dans le cas particulier de cette étude, de tenir les premiers soutiens à 400 pas, quand le terrain permet de les placer à 150 ou 200 pas de la ligne des tirailleurs, dans une position abritée, d'où ils sont plus à portée de les secourir. Nous trouvons donc aussi les 11ᵉ, 5ᵉ et

7ᵉ compagnies du 2ᵉ régiment portées en fin de compte jusqu'à cette distance plus rapprochée; mais il eût été peut-être plus conforme aux principes développés ici, que les 9ᵉ et 11ᵉ compagnies, ainsi que les 6ᵉ et 7ᵉ, fussent maintenant reformées en deux demi-bataillons et que le 1ᵉʳ bataillon se reconstituât en un seul groupe.

Pour marcher en avant, la brigade ne doit pas s'avancer en ligne déployée, car la marche en bataille a déjà tant de difficultés sur le champ de manœuvres, qu'elle est impraticable à la guerre. Quant à la marche en bataille par le flanc des subdivisions, elle ne peut être employée que dans de rares exceptions; elle n'est praticable que par des pelotons ou tout au plus par des compagnies isolées. L'avantage de n'offrir que des buts restreints à l'ennemi est, en général, illusoire, et le chef de peloton, qui marche en tête, perd la faculté de maintenir ses hommes dans la main, s'ils le suivent par le flanc. Mieux vaut ne pas se livrer à des expériences de ce genre, qui échouent trop facilement sous le feu de l'ennemi.

Le dernier assaut, qui doit amener la décision de l'attaque, ne devrait, à proprement parler, jamais être entrepris avant d'avoir constaté que l'ennemi a été ébranlé par le feu préparatoire. La situation générale peut toutefois, dans certaines circonstances, obliger à le tenter plus tôt, mais alors il sera toujours nécessaire *de ne pas l'entreprendre à une trop grande distance de l'ennemi, et de faire auparavant serrer sur la première ligne*

*les lignes suivantes, afin qu'elles puissent s'enga-
ger en temps utile.* Une attaque de ce genre a un
caractère décisif, et pour la faire réussir, on doit y
employer toutes les forces dont on peut disposer.

Dès que le signal ou l'ordre est donné, les tirailleurs se jettent sur les points les plus faibles de la
position ennemie, angles saillants, vides ou lacunes
dans les groupes des défenseurs ; les soutiens, les
deuxième et troisième lignes se portent en avant,
dans la formation où ils se trouvent ; plus ce mouvement en avant peut être accéléré, meilleur il
est.

Si, dans leur élan, les tirailleurs ne peuvent atteindre la position ennemie, il sera très avantageux
que les soutiens les plus voisins puissent s'engager
avant que les essaims de tirailleurs fassent demi-
tour, et par leur impulsion les entraînent à renouveler leur effort. Une marche résolue des soutiens
en avant, dans le cas même où les tirailleurs fe-
raient demi-tour, décidera les uns à faire de nouveau face en tête et à faire feu, les autres à se porter en avant de concert avec les soutiens. Mais ces
soutiens peuvent eux-mêmes, sous le feu meurtrier
de l'ennemi, se rompre et se disperser. La mission
des officiers et des sous-officiers est alors d'obliger
les hommes à continuer un feu de tirailleurs, sous
la protection duquel les lignes en arrière arrivent
rapidement pour entrer en action, en observant
les principes précédemment indiqués. Plus on
amène de troupes au feu successivement, plus on
se donne de chances de réussir, jusqu'à ce qu'on ait

dépensé son dernier homme. Si, malgré cela, l'attaque ne réussit pas, c'est qu'on ne pouvait y parvenir avec les moyens dont on disposait ; il n'y a pas de recette infaillible pour se procurer la victoire. Il ne reste plus alors au général qu'à empêcher cet échec d'avoir des suites trop fâcheuses, et à renouveler plus tard l'attaque dans des circonstances plus favorables, qu'offrira peut-être la situation générale.

Moins le terrain favorisera ces attaques décisives de grandes masses, plus les sacrifices seront considérables. Mais on doit en être convaincu à l'avance, et ne les entreprendre que s'il y a une nécessité absolue, en ayant soin de les préparer le mieux possible. Pour cela, il faut s'y exercer pendant la paix, et le règlement doit en fournir les moyens.

Les prescriptions qui ont existé sur le combat de la brigade ne sont plus suffisantes, et il y a lieu d'attendre de nouvelles idées directrices, dès que les idées encore très différentes émises sur les procédés les plus convenables se seront éclaircies. Jusqu'à ce que ces prescriptions paraissent et établissent une règle unique, il est nécessaire que chacun se fasse une opinion propre sur ce sujet ; c'est sur ce point de vue qu'il faut envisager les remarques qui précèdent.

En somme, il nous semble établi que dans les attaques de grandes masses, il faut aujourd'hui le plus grand accord entre les vues et les actes de *tous* les chefs, et qu'on ne peut atteindre ce résultat que

par les exercices les plus fréquents et les plus
étendus. *Le combat en grandes masses doit donc
être l'objet d'exercices exécutés sur une vaste échelle.*

La 4ᵉ brigade d'infanterie.

L'idée de prendre en flanc la position ennemie
est en soi très juste ; on peut cependant voir par
les faits qu'en voulant arriver à l'exécution de cette
idée par une attaque en échelons, on manqua complètement le but que l'on poursuivait.

Le dispositif que comporte une attaque en échelons est plus maniéré, exige plus de temps que
celui d'une attaque de front. Les trois bataillons
de la 1ʳᵉ ligne avaient déjà débouché à 1 h. d'Alt-
Rognitz et se tenaient formés en colonnes d'attaque à la lisière ouest ; derrière eux, la 2ᵉ ligne
avait également atteint la lisière est ; on aurait pu
commencer l'attaque immédiatement avec toutes
les forces, en portant simplement la brigade en
avant. Il suffisait d'indiquer le bataillon de direction et de donner le commandement d'exécution.

Au lieu de cela, il s'écoule plus de 20 minutes
avant que la première fraction de la brigade, c'est
à dire l'échelon de gauche le plus avancé, se mette en mouvement ; et il faut encore 12 minutes
avant que la dernière fraction de la 1ʳᵉ ligne, c'est
à dire l'échelon de l'extrême droite, puisse s'engager. Mais tout ce retard est inutile et par suite
doublement fâcheux, puisque l'attaque que l'on
voulait faire en échelons se transforme aussitôt
en une attaque de front, au moment où les pre-

mières troupes s'engagent, et qu'on pouvait prévoir à l'avance ce qui arriverait.

Il en sera de même partout où on emploiera des moyens trop compliqués, et l'attaque en échelons est et sera toujours une manœuvre compliquée. Les ouvrages sur la tactique lui donnent encore de l'importance et lui consacrent des articles détaillés; elle ne mérite plus un pareil honneur aujourd'hui. Plus la théorie invente des systèmes et plus on cherche sur le terrain d'exercices à établir des formations appropriées, dont on n'aura pas besoin dans une occasion sérieuse.

Il suffit de bien comprendre quel est le but propre de l'attaque en échelons de gros corps de troupes. On a surtout en vue d'attaquer le flanc de l'ennemi, de l'envelopper. On croit nécessaire pour cela d'engager successivement les forces, on compte bien aussi tromper par là l'ennemi sur la manœuvre même ou le laisser dans l'incertitude sur la direction de l'attaque.

Mais il est clair qu'aussitôt que l'ennemi parviendra à opposer de front ou de flanc une troupe quelconque à l'échelon le plus avancé, tout cet échafaudage compliqué et élevé avec tant de peine, comme dans notre exemple, s'écroulera sur lui-même.

Il faut être convaincu qu'il en sera ainsi dans la plupart des cas; car ce n'est que dans de rares et heureuses exceptions que l'on pourra acquérir d'avance la certitude que l'ennemi n'a pas d'autres forces plus en arrière, avec lesquelles il puisse

9

lui-même se jeter sur le flanc de l'attaque projetée.

Ensuite, il est incontestable qu'une attaque de
flanc sera d'autant plus efficace, qu'on réussira
mieux à faire entrer en même temps en action
toutes les forces qui y sont consacrées. Si, au lieu
de s'engager simultanément avec tous les bataillons de la 1re ligne d'une brigade, on ne va heurter l'ennemi qu'avec un bataillon ou même seulement deux compagnies, il lui sera beaucoup plus
facile d'opposer une résistance, qui lui permettra
de prendre des mesures pour parer au danger.
Dans une attaque de ce genre, qui souvent doit
surprendre l'ennemi, qui doit en tous cas lui porter un grand préjudice, il faut employer toutes
les forces, parce qu'elle doit avoir un effet décisif,
et pour un tel but, un emploi successif des diverses fractions est tout à fait déplacé.

Croit-on enfin provoquer par cette formation
quelque illusion chez l'adversaire? Cela ne pourra
réussir que dans de rares exceptions. Un mouvement aussi compliqué ne peut, en effet, se faire,
en général, que sur un terrain particulièrement
praticable et découvert, et, par suite, l'ennemi est
également en mesure de s'en apercevoir promptement. Les lourdes lignes de la tactique linéaire
permettaient difficilement de prendre des troupes
de la 2e ligne pour les former en potence et parer
à un tel mouvement. Mais aujourd'hui il est plus
facile de prendre des contre-mesures, du moment
qu'on a encore des réserves à proximité. Si cela

n'est pas le cas, ou si ces réserves ne peuvent arriver à temps, le mieux sera de replier l'aile menacée dans une position avantageuse. Mais une
pareille manœuvre n'est plus facile, si les troupes
de cette aile sont déjà engagées sérieusement. Il
n'en est que plus nécessaire pour l'assaillant *de se
montrer le plus rapidement possible sur ce point
avec toutes ses forces dans la formation la plus
simple.* Le but que l'on cherchait autrefois à atteindre avec l'attaque en échelons longtemps si
favorite, subsiste encore aujourd'hui ; seulement
on fera bien de se dégager des anciennes formations.

*Si l'on veut n'engager ses troupes que successi-
vement, on devra les former sur plusieurs lignes
les unes derrière les autres ; si l'on veut agir contre les flancs de l'ennemi, il faudra le maintenir
sur son front et diriger le surplus des forces sur
son flanc par le chemin le plus court.* Il n'y a pas
de formations absolues pour la manière dont doit
alors se faire l'attaque ; mais, en tous cas, l'effet
produit sera d'autant plus grand que les troupes
mettront moins de temps dans leur arrivée succes-
sive au combat.

Relativement à la marche du 3e régiment à travers Alt-Rognitz, remarquons encore qu'il n'est
pas avantageux, en général, de rompre la colonne
d'attaque par 1/2 sections ou par le flanc ; il vaut
mieux faire suivre successivement les compagnies
les unes après les autres. Si les hommes de deux
compagnies différentes marchent par le flanc les

uns à côté des autres, il est difficile de maintenir l'ordre, surtout si la marche s'accélère ou si le chemin présente quelques difficultés.

Il était juste de prescrire au 4e régiment, du moment où il débouchait d'Alt-Rognitz, de suivre l'aile gauche du 3e régiment. Le flanc droit est suffisamment couvert du côté de la 3e brigade à laquelle on se relie, mais il est d'autant plus nécessaire de prendre des mesures particulières pour assurer le flanc gauche, que la direction de l'attaque peut provoquer ici un retour offensif de la part de l'adversaire.

Le régiment de cavalerie divisionnaire.

Le commandant du régiment n'a plus sous la main que les 1er et 2e escadrons. En vertu de l'ordre que leur avait donné le lieutenant-général A (voyez page 41) de suivre la 4e brigade, ces escadrons étaient arrivés à la réserve de cette brigade, c'est à dire aux bataillons de ligne du 4e régiment. En restant à cet endroit, leur action devait être d'autant plus retardée, qu'ils étaient à mille six cents pas de la première ligne et qu'ils auront encore d'autres retards à subir dans la traversée du village situé entre eux et cette ligne. Pour que la cavalerie puisse prendre part à temps au combat de l'infanterie, il convient non seulement qu'elle ait un champ d'attaque favorable, mais encore qu'elle trouve une position abritée à proximité de la 1re ligne. Si le terrain ne s'y prête pas, on ne doit pas, en général, compter à temps sur sa coopération. Ici cependant le terrain à l'ouest d'Alt-Rognitz était favorable, et les deux escadrons auraient dû déjà y être réunis, au moment où nous parlons.

Le 4ᵉ escadron du régiment se trouvait, pendant ce temps, derrière l'aile droite de la 4ᵉ brigade. Les patrouilles qu'il avait poussées en avant, ainsi que d'autres chevaux détachés, avaient affaibli son effectif; le commandant de l'escadron s'était jusqu'alors efforcé de le renforcer. Mais il n'aurait pas dû perdre de vue qu'il fallait avant tout chercher à produire un effet avec ce qu'il avait sous la main. Les événements fournissaient dans une mesure suffisante l'occasion d'agir utilement.

La place, où la cavalerie peut en général exercer son action, est facile à reconnaître dans le terrain. Dans la zône où le chef du 4ᵉ escadron, de son point de départ, pouvait porter ses regards, il était clair qu'il n'y avait de champ d'attaque pour lui qu'au sud du village, à l'ouest et à l'est de la chaussée. Si l'adversaire abordait ce terrain, il pouvait très facilement se présenter des situations où l'escadron pourrait donner utilement. Mais il ne fallait pas le placer d'avance sur ce point, au sud d'Hohenbruck, puisqu'on l'aurait très inutilement exposé au feu de l'ennemi; on pouvait, au contraire, rechercher une position abritée qui lui permit, le cas échéant, de paraître rapidement et par surprise à droite ou à gauche de la chaussée. Les maisons et les jardins d'Hohenbruck offraient pour cela une occasion excellente; en se tenant au nord du village contre la grande route, l'escadron pouvait déboucher à l'est en peu d'instants; la chose était tout aussi possible à l'ouest, surtout si l'on pratiquait dans les haies quelques passages.

Il y eut encore un moment favorable pour l'escadron, lorsque les 5ᵉ et 6ᵉ compagnies du 1ᵉʳ régiment furent refoulées du bouquet de bois par un retour offensif de l'ennemi, qui les poursuivit et les rejeta en désordre vers Hohenbruck. S'il eût débouché tout à coup à l'ouest de la grande route pour tomber sur l'aile gauche de l'ennemi, il eût pu obtenir de grands résultats contre l'infanterie ennemie, qui se trouvait également en désordre. Quand même l'attaque n'eût pas réussi, que les hussards ne fussent parvenus qu'à sabrer quelques tirailleurs, et qu'ils eussent été obligés de faire demi-tour en présence du feu des soutiens, ils auraient coupé court à la poursuite de l'ennemi. Mais il s'agissait surtout de dégager les troupes vivement poursuivies, de leur donner la possibilité de s'arrêter et de faire place aux troupes qui occupaient la lisière, pour qu'elles pussent ouvrir leur feu. Une telle attaque eût certainement coûté des sacrifices, mais ces sacrifices n'eussent pas été inutiles; ils eussent été précieux pour l'ensemble, eussent fait plus d'honneur à l'escadron, qu'en restant immobiles et intacts à 600 pas au nord d'Hohenbruck.

Cette première occasion manquée, il s'en est

cependant présenté une deuxième, dans laquelle
l'escadron aurait pu se rendre utile; c'est quand
les compagnies du 1er bataillon du 1er régiment
entrèrent en action. Si l'escadron, au moment où
les compagnies se portaient en avant, était tombé
sur le flanc gauche de l'ennemi, il y aurait eu
encore plus de chance de refouler l'adversaire.
Dans sa poursuite, la cavalerie n'aurait pas pu, il
est vrai, pénétrer dans le bouquet de bois ; mais le
nombre des prisonniers eût été probablement plus
considérable, et certes l'impression morale eût été
plus grande. L'ennemi en eût ressenti un contre-
coup plus grave que celui qu'il éprouva.

Mais il faut rendre justice sur ce point à la
cavalerie, c'est en rectifiant les expressions im-
propres qu'on emploie souvent « charge heureuse, charge manquée ». Qu'on les remplace
plutôt par les mots : Attaques utiles ou inutiles et
on aura le véritable étalon pour mesurer les services qu'elle rend.

Il reste un dernier point à toucher. A qui
appartient-il de faire agir ici l'escadron? Est-ce
au général-major B ou au chef d'escadron? C'eût
été en premier lieu du devoir du général de brigade de lui donner des ordres, puisqu'il lui était
spécialement confié. Mais il arrive ici ce qui arrivera généralement en pareil cas : le général,
absorbé dans les incidents de la lutte de son infanterie, ne songe pas à cet escadron isolé. C'est
alors un devoir pour le chef d'escadron d'aller
trouver le chef, sous les ordres immédiats duquel

il se trouve pour le moment, et de lui demander ce
qu'il a à faire maintenant; il doit déjà de lui-
même rôder aux environs et chercher s'il n'y a
pas une occasion de donner quelque part. L'activité militaire impose à tout officier l'obligation de
rechercher toujours où et comment il peut être
utile; il doit avoir l'initiative de la pensée et de
l'action, et ne pas se borner à ne recevoir que l'impulsion de son chef.

L'artillerie divisionnaire.

En ce qui concerne la 2e batterie de 4 restée à
l'aile droite, il y a lieu de faire remarquer comment elle sait changer d'objectif suivant les différentes phases du combat. Elle commence par
balayer de ses obus la partie avancée du bouquet
de bois de la chaussée; lorsqu'elle se voit masquée par la marche de l'infanterie, elle dirige
alors son tir contre l'ennemi qui occupe le bois
élevé situé au nord-est du village; mais elle
change aussitôt la direction de son tir, lorsque
l'ennemi dessine un retour offensif à l'ouest de la
chaussée. Lorsqu'elle a puissamment contribué à
le faire avorter, elle continue son feu contre le
bois. Il faut encore faire remarquer avec quel
calme la batterie reste dans sa position, malgré
l'échec de l'infanterie qui l'avoisine, et malgré le
torrent des fuyards qui reviennent en arrière.
Dans des moments aussi critiques, l'artillerie n'a
pas à songer à sauver ses pièces, elle ne doit avoir
qu'un but, celui de repousser l'ennemi. *Il n'y a*

rien de déshonorant, si l'on perd des pièces, qui ont canonné jusqu'au dernier moment l'ennemi marchant à l'assaut, et ce ne peut être l'objet d'un reproche pour l'artillerie. Dans le cas présent, la batterie n'avait pas grand danger à courir, puisqu'il y avait plusieurs compagnies à sa proximité.

Le chef de la 1re batterie de 4, chargé d'appuyer l'aile gauche de la 3e brigade, ne néglige pas cette fois un devoir qu'il avait oublié, en prenant sa première position : il s'informe auprès du général-major B, comment il compte porter sa brigade en avant. La nature du terrain ne lui permettant pas d'entrer immédiatement en action, il attend le moment favorable, mais ce moment une fois arrivé, il n'hésite plus un instant, sans s'inquiéter des difficultés et il se met en batterie au milieu de la ligne des tirailleurs.

Il en est de même aux deux batteries de 6. Elles tirent de préférence sur l'artillerie ennemie, pour lui faire quitter sa position. Lorsque celle-ci s'est retirée, et que notre infanterie a couronné les hauteurs situées en avant, les batteries se hâtent aussi d'approcher de la ligne des tirailleurs, parce que ce n'est que de ce point qu'elles peuvent avoir un effet utile. Il arrive souvent cependant que, dans de pareilles circonstances, l'artillerie reste dans sa première position, comme pour offrir un point de retraite. Une telle manière de faire ne peut se justifier que s'il n'y a aucun effet à obtenir plus en avant; si c'est bien constaté, elle doit chercher à gagner du terrain en avant, même au risque d'arriver dans la sphère dangereuse des projectiles de l'infanterie.

Ici, comme à l'extrême droite, l'artillerie se trouve plusieurs fois dans la situation de tirer par dessus l'infanterie. Cela ne doit se faire que dans de rares exceptions et alors il faut prendre les plus grandes précautions, car les troupes sont sensiblement inquiétées, si elles entendent tirer derrière elles, et si elles voient les projectiles passer par dessus leurs têtes. De plus, il peut se faire que ces obus produisent même des pertes dans l'infanterie.

ATTAQUE DE LA 2e DIVISION D'INFANTERIE JUSQU'A LA PRISE DES BOIS SITUÉS AU NORD DE NEU-ROGNITZ ET L'ENTRÉE DANS LE VILLAGE.

(De 1 h. 45 m. à 2 h. 25 m.)

Avant de quitter la hauteur 425, où il se tenait en observation, le lieutenant-général A reçut encore le rapport du médecin sur la nouvelle ambulance établie à Alt-Rognitz même. Le médecin lui indiqua en même temps que l'aile droite de la division pourrait recourir pour ses blessés à Hohenbruck, où fonctionnait déjà le détachement sanitaire de la 1re division d'infanterie.

Le général de division approuva ces mesures, et donna l'ordre d'organiser des patrouilles avec les gendarmes et les ordonnances disponibles, pour parcourir le terrain entre Hohenbruck et la pointe nord d'Alt-Rognitz, et pour indiquer aux blessés l'ambulance, à laquelle ils devaient se rendre; ces patrouilles avaient encore pour mission de renvoyer immédiatement au combat tous les hommes, qui ne pourraient justifier de leur présence en arrière. Les prisonniers devaient être dirigés sur Trautenau. Deux autres patrouilles furent envoyées aux deux villages cités plus haut, pour empêcher qu'il ne s'y commît des excès, et y maintenir le bon ordre, et pour renvoyer en avant les hommes isolés, en état de combattre, qui pouvaient s'être éloignés de leur corps.

Le général A se dirigea tout d'abord vers le village, puis il prit le chemin qui passe par le sommet 361. A gauche de ce chemin, marchait le bataillon de fusiliers du 4e régiment, à droite les 1re et 4e compagnies du 2e régiment s'ébranlaient dans la direction ouest. D'après les renseignements qui lui furent donnés sur sa demande, le général de division apprit que les 1re et 4e compagnies avaient reçu l'ordre de rejoindre les deux autres compagnies de leur bataillon, qui se trouvaient plus à droite, et que le bataillon de fusiliers était chargé de relier les deux brigades. Mais comme les deux brigades étaient déjà complètement reliées par les troupes de la 1re ligne, le général prescrivit au bataillon de fusiliers de rester provisoirement près de la petite prairie située en avant du mamelon 361, et de suivre la première ligne dans sa marche en avant, mais seulement à distance de ligne.

Le général, continuant sa marche, rencontra à

un embranchement, situé en avant, le commandant
de la 3ᵉ brigade qui le cherchait, et se trouvait
avec l'aide-de-camp qui lui avait été envoyé auparavant. Le général-major B lui fit son rapport
sur la tournure qu'avait prise jusqu'alors le combat
à l'extrême droite; il l'informa en même temps
que des corps de la 1ʳᵉ division avaient déjà
occupé Hohenbruck, que l'artillerie de cette division s'était portée au delà du village, et avait
ouvert son feu dans le terrain à l'ouest de la route;
il lui exprima en même temps ses vues sur le moment de l'attaque, qui lui semblait arrivé. Le
général de division l'invita cependant à attendre
encore quelques instants l'effet produit par les
batteries de 6, qui se mettaient en batterie à la
gauche et près de la 1ʳᵉ batterie de 4. Le général
de division lui demanda où était le point le plus
favorable pour voir le combat; le général de brigade B lui indiqua l'angle nord-est du bois 527.

Les deux généraux continuèrent leur marche
vers ce point; ils furent rejoints ensuite par un
aide-de-camp du corps d'armée, qui leur avait été
envoyé pour les informer que la 1ʳᵉ brigade d'infanterie (1ʳᵉ division) avait reçu l'ordre de marcher aussi à l'attaque, en se portant par Hohenbruck, à l'ouest de la chaussée, que la 2ᵉ brigade
se tiendrait en réserve au nord du village, à cheval sur la chaussée. Il ajouta encore que la tête
de la 1ʳᵉ division d'infanterie de la garde n'était
plus guère qu'à environ 2 k. d'Alt-Rognitz et se

dirigeait par Rudersdorf contre le flanc droit de l'ennemi.

L'officier d'état-major de la 2ᵉ division d'infanterie fut chargé de donner à l'aide-de-camp les renseignements nécessaires sur le cours du combat, afin qu'il pût en faire son rapport au général du corps, et lui communiquer les intentions du général de division pour la suite.

Arrivé au bois 527, le général A se rendit d'abord à l'angle nord-ouest, pour voir ce qui se passait à son aile droite, qui avait jusque-là échappé à son observation. De là il aperçut un violent combat au bouquet de bois sur la chaussée; nos troupes étaient déjà entrées dans le bois; il vit plus loin de petites colonnes venant d'Hohenbruck se porter en avant le long de la route. De l'autre côté de la chaussée, on apercevait l'artillerie de la 1ʳᵉ division qui s'avançait par batterie sur l'aile droite. Le général A demanda si les troupes qui s'avançaient, appartenaient à la 1ʳᵉ division; on lui répondit que c'était le bataillon de la 3ᵉ brigade, qui avait occupé jusque-là Hohenbruck, et qui n'y était plus maintenant nécessaire depuis l'arrivée de la 1ʳᵉ division.

La violence du feu avait déjà augmenté dans le dernier quart d'heure, mais en ce moment il parut prendre de très grandes proportions dans la direction sud-est. Au bruit du canon et à la crépitation des balles s'ajoutait un roulement de salves continues. Les deux généraux se rendirent au galop à la lisière est du bois (527) et de là ils virent la

4ᵉ brigade qui avait commencé l'attaque, et les troupes avancées qui traversaient déjà la prairie située au pied des hauteurs, pour assaillir la pente opposée. L'extrême gauche de la brigade paraissait aussi suivre le mouvement.

Le général de division fit aussitôt donner par son clairon le signal de « faire avancer le tout rapidement ». A ce signal répété de tous côtés, toutes les autres troupes de la 3ᵉ brigade s'ébranlèrent aussitôt; de tous les points se levèrent des groupes de tirailleurs, qui s'élancèrent en avant; les soutiens suivirent immédiatement, la plupart tambour battant; les batteries activèrent la rapidité de leur feu. Le tableau qui se déroula successivement sous les yeux du général de division ne permit pas d'en distinguer très bien les détails. On put en remarquer les grands traits suivants :

Les tirailleurs ennemis, embusqués au sud du col 451, cédant le terrain aux assaillants, reculèrent immédiatement dans le bois situé au nord de Neu-Rognitz. L'attaque s'arrêta quelques instants en avant du bois, où l'on ne parvint à pénétrer, qu'après qu'il eût été enveloppé à l'est par des troupes de la 4ᵉ brigade, qui s'étaient hâtées d'accourir dans cette direction. A l'intérieur du bois, le combat ne resta pas longtemps indécis. Les défenseurs qui se trouvaient le plus à l'ouest, ainsi menacés par ce mouvement qui allait envelopper leur droite, furent forcés d'évacuer le bois; ce mouvement força aussi ceux du bouquet de bois à se retirer rapidement. La plupart gagnèrent, en

traversant la chaussée, les bouquets de bois
situés à l'ouest. Nos troupes se précipitèrent de
tous côtés; quelques unes en ordre serré furent
gardées au bord de la lisière; la 2ᵉ batterie de
4 se porta au trot en avant par le col 451.

Les choses se passèrent tout autrement à l'aile
gauche de la division. Les troupes de la 4ᵉ brigade, qui assaillaient les hauteurs avec une
grande bravoure, en se dirigeant d'abord sur le
milieu de Neu-Rognitz, tombèrent dans le feu
croisé de la lisière du village et du bois situé près
du chemin, qui va de l'église St-Paul et St-Jean
aboutir au sud de Neu-Rognitz; elles reculèrent
dans la même direction, qu'elles avaient prise en
se portant en avant, jusqu'au fond de prairies
situé au sud de la ligne de hauteurs. L'attaque
contre le bois, qu'on vient d'indiquer, ne fit pas
davantage de progrès; à l'est et au sud du chemin mentionné plus haut, le terrain échappait à
la vue, et c'était précisément là où le combat
paraissait être le plus violent. Tout à coup le
combat prit définitivement sur ce point un caractère de retraite pour nos troupes, et l'on put même
reconnaître des détachements de cavalerie, qui
s'avançaient par le terrain découvert au nord du
bois. On vit le régiment de hussards gravir la
pente pour leur courir sus; la distance où l'on se
trouvait et la fumée de la poudre ne permirent
cependant pas de distinguer plus de détails, mais
il n'en parut bientôt que trop certain que l'attaque à cette aile avait échoué et que les troupes

qui s'y trouvaient, battaient en retraite dans le plus grand désordre.

Le lieutenant-général A se rendit alors au galop à cette aile, en longeant la crête du contre-fort 527, pour y rétablir lui-même le combat par sa présence (2 h. 25 m.)

Remarques sur la conduite du général de division.

Tout en prenant les dispositions qui concernent les troupes combattantes, le général de division ne doit cependant pas perdre de vue d'autres dispositions devenues nécessaires.

Parmi celles-ci, il ne faut pas oublier celles qui concernent les soins à donner aux blessés. Les détails en sont confiés au médecin divisionnaire ; mais ce dernier a encore en même temps le devoir de prendre de sa propre initiative les mesures nécessaires, ou de les provoquer. Le commandant des troupes en reste toujours responsable. Il est clair maintenant, d'après la tournure qu'a prise le combat, que l'ambulance, établie à Kriblitz, est beaucoup trop éloignée, pour être utile ; son établissement en cet endroit y a été un peu précipité, comme cela arrive généralement ; avec l'étendue actuelle de la division, une seule ambulance ne peut suffire.

Il convient que l'ambulance soit aussi rapprochée des troupes, qu'on peut le faire sans danger, et qu'il y ait de l'eau à proximité, ainsi que des bâtiments qu'on puisse utiliser. A défaut de bâtiments, on se servira de tentes. D'après les proportions que prend le combat, on peut prévoir de bonne heure qu'on aura besoin d'une ambulance; il est donc juste d'établir dès maintenant la première qu'on a sous la main, et Trautenau paraît le point le plus convenable à cet effet, autant pour répondre aux besoins du combat actuel, que pour ceux des opérations ultérieures.

Au départ de l'ambulance de Kriblitz, tous les blessés en état d'être transportés seront évacués sur Trautenau; on laissera, pour soigner ceux qu'on ne peut transporter, le personnel de médecins et d'infirmiers nécessaire. Le reste du personnel et du matériel sera dirigé sur la nouvelle ambulance, où arriveront successivement tous les médecins de troupes, qui ont dû être désignés d'avance, pour prêter leur concours en pareil cas. S'ils ne découvrent pas le pavillon d'ambulance à une certaine distance, ils en font demander l'emplacement à l'état-major de la division.

Tant que dure le combat, aucun homme en état de combattre ne doit, en aucune circonstance, accompagner ou porter des blessés à l'ambulance; ce serait le moyen d'offrir trop facilement un prétexte à beaucoup d'hommes pour se soustraire au combat. Tant que le combat n'est pas décidé, et complètement terminé, aucun homme, en état de porter un fusil, ne doit être distrait des rangs. Les hommes légèrement blessés doivent se rendre tout seuls à l'ambulance; le transport de ceux qui sont gravement atteints doit se faire exclusivement par les brancardiers et leurs aides;

10

ce n'est qu'après la fin du combat qu'on peut y employer des troupes.

Il convient de prendre les mesures nécessaires pour satisfaire à ces exigences et en même temps empêcher tout désordre de se produire; c'est en première ligne le rôle de la gendarmerie.

Les prisonniers doivent être groupés le plus possible par groupes nombreux, et les troupes indispensables à leur conduite être renvoyés aussitôt après à leur corps. Il est donc nécessaire d'indiquer les points où doivent être réunis les divers groupes de prisonniers, qui viennent de la ligne du combat.

Le général de division dut se porter à un nouveau point d'observation, pour pouvoir voir plus exactement le terrain qu'allait suivre l'attaque entreprise. Il arrêta encore pour quelques instants la marche de la 3e brigade, afin de faciliter l'attaque au moyen des batteries de 6, qui se mettaient en position. La 4e brigade ayant dans l'intervalle commencé son attaque, le général cherche à engager en même temps toutes les forces de la division, en donnant le signal de « faire avancer le tout ». Il faut appeler ici l'attention sur le danger qu'il y a à employer des sonneries pendant le combat. *Le chef le plus élevé en grade seul doit avoir l'autorisation d'en faire usage*, quand il veut communiquer un mouvement général à l'ensemble des forces. *L'emploi d'une sonnerie dans le combat doit être interdit en principe à tout autre officier.* Car une sonnerie, qui ne s'adresse qu'à une partie

des combattants, ne peut faire que son action ne
se borne qu'à cette partie ; elle entraîne aussi le
reste des troupes, et il en résulte généralement
de faux mouvements ou des désordres. C'est pour
les mêmes raisons que l'autorité supérieure ne doit
la plupart du temps employer le signal du clairon
que pour marcher en avant.

La tournure fâcheuse que prend le combat de
la 4ᵉ brigade est un des moments où le général
qui commande se voit appelé à intervenir person-
nellement dans les détails. Il faut donc qu'il se
porte sur les lieux. Mais il doit en même temps
prendre aussi des mesures, pour parer aux conséquences de l'échec partiel. Il est nécessaire pour
cela qu'il dispose immédiatement et directement
des fractions de troupes, qui sont le plus à sa
portée pour ce but.

DÉTAILS CONCERNANT LA 3ᵉ BRIGADE D'INFANTERIE PENDANT L'ATTAQUE DE LA 2ᵉ DIVISION.

(De 1 h. 45 m. à 2 h. 25 m.)

Le général-major B reçut avis, quelques instants
avant 1 h. moins un quart, que le 1ᵉʳ bataillon de
chasseurs était entré dans Hohenbruck ; il vit, au
même moment, dans la partie ouest du village,
l'artillerie de la 1ʳᵉ division qui se portait en
avant ; il voyait en même temps se renforcer le feu
de la 1ʳᵉ batterie à cheval, qu'elle avait ouvert depuis longtemps déjà un peu plus au sud. Dans ces
circonstances, il ne lui parut plus nécessaire de

garder le village avec ses troupes, et il donna au
colonel D l'ordre de rappeler le bataillon de fusiliers. Le colonel D renforça son aile droite avec le
bataillon, qui ne comptait là que deux compagnies, les 12ᵉ et 9ᵉ, et donna le commandement de
cette aile au chef de bataillon, en lui donnant
pour instruction de gagner du terrain en avant le
long de la chaussée, et de repousser l'ennemi sur
Neu-Rognitz.

Là se trouvait aussi la 10ᵉ compagnie du 2ᵉ régiment, qui avait suivi le mouvement de la compagnie de pionniers, lorsque celle-ci avait reçu
l'ordre de se porter en avant de Trautenau. Le
commandant de cette compagnie s'informa où
était son régiment; mais le colonel D lui répondit
que sa compagnie serait plus nécessaire ici pour
le moment, et il la mit également sous les ordres
du chef de bataillon de fusiliers, qui disposa
ainsi de 7 compagnies.

Afin d'avoir mieux sa brigade dans la main, le
général-major B avait ordonné dans l'intervalle au
colonel E de concentrer davantage les troupes de
1ʳᵉ et 2ᵉ ligne de son régiment, et de les reformer,
s'il était possible, par bataillons. En conséquence
de cet ordre, dans le 2ᵉ régiment d'infanterie, les
1ʳᵉ et 4ᵉ compagnies furent rapprochées des 2ᵉ et
3ᵉ près du bois, les 9ᵉ et 11ᵉ formèrent un demi-
bataillon, ainsi que les 6ᵉ et 7ᵉ et ces deux demi-
bataillons furent placés respectivement derrière
les 12ᵉ et 8ᵉ, qui étaient déployées en tirailleurs.

Le général de brigade avait eu assez de temps

pour prendre des dispositions d'attaque judicieuses, basées sur les considérations suivantes : Le ravin, situé en avant de l'aile gauche de la brigade, permettait de laisser les tirailleurs engagés, pendant que les soutiens exécuteraient l'attaque proprement dite en ordre dispersé ; de plus, l'aile gauche du 2ᵉ régiment devait chercher à attaquer le bois en l'enveloppant.

Le général-major B voyant maintenant, quelques instants avant une heure, s'engager peu à peu toute la première ligne de la 4ᵉ brigade, crut le moment venu d'attaquer. Il allait en donner l'ordre, lorsqu'il vit s'approcher le général de division ; il alla à lui. Il a déjà été parlé du départ de ces deux officiers pour se rendre au bois 527, et des événements qui se passèrent jusqu'à la sonnerie de la marche générale.

L'attaque prit la tournure suivante à la 3ᵉ brigade :

A l'aile droite, le chef du bataillon de fusiliers du 1ᵉʳ régiment fit soutenir le combat dans le bois par les soutiens réunis des 5ᵉ et 6ᵉ compagnies ; il dirigea en même temps la 10ᵉ compagnie du 2ᵉ régiment le long de la lisière ouest contre le bois situé près de la carrière, qui était occupé par des chasseurs ennemis, et porta les 9ᵉ et 12ᵉ compagnies jusqu'à la pointe du bois. Les chasseurs évacuèrent aussitôt leur position, qu'ils n'avaient occupée que faiblement, et où ils étaient restés jusqu'alors, sous le feu de l'artillerie de la 1ʳᵉ division. Néanmoins le combat près de la chaussée fit peu de progrès ; comme le bois situé derrière la carrière paraissait maintenant fortement occupé par des chasseurs, on ne crut pas prudent de tenter un effort décisif, en portant en avant les compagnies de réserve en dehors du terrain couvert.

À l'est de la chaussée, la ligne de feu de la 7e compagnie avait été renforcée, à la sonnerie de la marche générale, par la 8e compagnie ; cette masse de tirailleurs s'était jetée sur l'ennemi ; les tirailleurs avancés de l'ennemi cédèrent au choc et se hâtèrent de regagner le bois situé au nord-est de Neu-Rognitz. Le feu violent, qui partit du bois, força bientôt les deux compagnies à s'arrêter ; elles s'embusquèrent à environ 300 pas du bois.

La 10e compagnie du 1er régiment avait reçu l'ordre de continuer le feu provisoirement, du bouquet de bois qu'elle occupait. Mais quand elle vit les tirailleurs ennemis, qu'elle avait en face, évacuer le terrain situé au sud du col, à la suite de la marche en avant de nos troupes, elle suivit aussi le mouvement rétrograde de l'ennemi et se plaça sur la pente en avant, sur le prolongement des 7e et 8e compagnies. Il y eut alors en ce point un combat de tirailleurs des trois compagnies contre la lisière nord du bois.

Le 2e régiment fut plus heureux dans son attaque. Le feu des trois batteries avait déjà fortement ébranlé les troupes, qui occupaient la partie est du bois. Dès que les 10e et 11e compagnies, traversant les 12e et 5e, qui continuaient leur feu,

descendirent la pente en ordre dispersé, que la
8ᵉ déboucha également en avant de concert avec
la 6ᵉ du 3ᵉ régiment, non seulement la ligne des
tirailleurs de l'ennemi recula en toute hâte, mais
l'extrême gauche parvint aussi à pénétrer dans le
bois. L'ennemi chercha à prendre l'offensive, en
faisant déboucher plusieurs colonnes de derrière
le bois; mais elles furent repoussées par le feu des
batteries de 6.

Aussitôt qu'on remarqua de l'incertitude parmi
les défenseurs à la lisière nord du bois, la 10ᵉ compagnie du 1ᵉʳ régiment s'élança de nouveau en
avant pour renouveler l'attaque; les troupes, qui
se trouvaient un peu à droite les unes derrière les
autres, suivirent son mouvement, et par suite des
efforts ainsi réunis de toutes les compagnies qui
étaient en première ligne, on parvint à pénétrer
dans le bois. Ces progrès ne tardèrent pas longtemps à faire sentir leur influence sur le combat
du bouquet de bois; l'ennemi y fit aussi une vi-
goureuse résistance et se retira dans les bouquets
de bois à l'ouest de la chaussée, où se dirigea
aussi la plus grande partie de l'infanterie ennemie, qui avait été repoussée à l'est de la chaussée.

On ne put éviter le mélange des troupes atta-
quantes, pas plus dans le bouquet de bois que
dans le bois situé au nord-est de Neu-Rognitz. Il
y eut là successivement les 1ʳᵉ et 4ᵉ compagnies,
tout le 2ᵉ bataillon, ainsi que la 10ᵉ compagnie
du 1ᵉʳ régiment; la 10ᵉ, puis les 9ᵉ, 11ᵉ et 8ᵉ du
2ᵉ régiment, auxquelles se joignirent la 6ᵉ du

3e régiment et bientôt après, comme nous le verrons plus loin, la 7e compagnie; en somme, par conséquent, treize compagnies. Ces troupes poursuivirent l'ennemi dans toutes les directions, en faisant un assez grand nombre de prisonniers, principalement aux abords de la chaussée; une partie pénétra dans les premières maisons de Neu-Rognitz et s'empara du village jusqu'à l'embranchement du chemin de Sorge, une autre refoula l'ennemi des buissons situés au nord de ce chemin. La plupart des hommes des 7e et 8e compagnies du 1er régiment parvinrent à la pointe sud-est du bois de Neu-Rognitz, tandis que le gros de la 6e compagnie du 3e régiment traversait le bois situé au nord-est, ainsi que le bouquet de bois, et marchait librement sur la carrière, où avait déjà pénétré la 10e compagnie du 2e régiment.

Il ne pouvait donc que difficilement songer à rétablir l'ordre pour le moment, puisque toute la première ligne, dispersée en tirailleurs, se trouvait presque partout en contact avec l'ennemi. Le général de brigade et les colonels n'en firent que plus d'efforts pour empêcher les deuxième et troisième lignes de s'engager prématurément et de se disperser également.

Les troupes de ces deux lignes s'étaient mises en mouvement, pour la plupart, en même temps que la première ligne, à l'ouverture de l'attaque. Les 12e et 5e compagnies du 2e régiment seulement avaient pu continuer leur feu, après avoir été traversées par les deux compagnies de fusiliers, qui s'étaient portées en avant et descendaient la pente, et elles ne se mirent en marche que lorsque leur feu fut masqué par ces dernières compagnies. Elles avaient également traversé le contrefort en ordre dispersé, mais une fois dans le fond, elles s'étaient reformées en colonnes de compagnies. Il n'était resté en ordre serré que le demi-bataillon du 1er régiment (2e et 3e compagnies), qui avait abordé le terrain situé entre la chaussée et le bois 527, le demi-bataillon du 2e régiment (6e et 7e compagnies), qui avait suivi l'aile gauche (8e compagnie), pendant que le 1er bataillon de ce régiment s'avançait au centre le long de la lisière est du bois 527. Il n'était pas nécessaire de changer la formation de ces troupes à l'aile gauche, puisqu'au moment où elles traversèrent le contrefort, la première ligne s'avançait déjà victorieuse vers la lisière du bois ; à l'aile droite seulement, les 2e et 3e compagnies du 1er régiment prirent 300 pas d'intervalle, pour mieux utiliser les couverts du terrain.

En voyant les progrès victorieux de la première ligne, le général-major B défendit de faire aborder le bois en ce moment par aucune des troupes en ordre serré, et prescrivit aux colonels de les concentrer de telle sorte que le 1er régiment pût poursuivre le combat de la chaussée, le 2e régiment au delà du bois de Neu-Rognitz ; le général de brigade garda à sa disposition le 1er bataillon de ce dernier régiment.

En conséquence de ces ordres, quatre compa-

gnies du 1er régiment (2e, 3e, 9e et 12e) se formèrent
derrière les troupes qui combattaient près de la
chaussée, quatre compagnies du 2e régiment (5e,
6e, 7e et 12e) se placèrent en réserve derrière le
bois, à l'angle nord-est; le 1er bataillon de ce régiment fut retenu près du col 451. La brigade
avait donc onze compagnies dispersées au combat
et douze en réserve, réunies en trois masses. Pendant que les plus avancées poursuivaient et combattaient l'ennemi là où elles le rencontraient, les
officiers supérieurs cherchaient à se faire une idée
du terrain derrière les bois, qui leur était jusqu'a-
lors resté étranger, et en même temps à se rendre
compte de la tournure du combat, pour pouvoir y
diriger leurs réserves au moment opportun.

Remarques sur l'attaque de la 3e brigade.

Il faut principalement attribuer le succès rapide
de l'attaque, d'abord au soin qu'on a mis à la préparer suffisamment par le feu de l'infanterie autant que par celui de l'artillerie, et ensuite aux
précautions prises dans les dispositions d'attaque.
On force d'abord l'artillerie ennemie à vider provisoirement les lieux, on empêche ensuite les défenseurs de prendre en flanc les assaillants, grâce
au bouquet de bois qu'ils occupaient, en mettant
à profit les progrès de l'aile droite et alors le feu
croisé des vingt-quatre pièces rend la position in-
tenable pour l'ennemi. Cependant le défenseur
persista non seulement jusqu'au dernier moment,
mais il força même un instant les assaillants qui

l'attaquaient de front de s'arrêter, et il ne se décida à abandonner la position que lorsqu'il se vit menacé par le mouvement de flanc de l'extrême gauche.

Il a déjà été parlé, dans la préparation de l'attaque, de la nécessité de rappeler les deux compagnies de fusiliers d'Hohenbruck, de la réunion des troupes de l'aile droite sous un même commandement, ainsi que de la formation en grandes masses des deuxième et troisième ligne du 2e régiment. Il y a encore quelques remarques à faire relativement aux détails.

Les troupes procèdent de manières très différentes dans l'attaque qu'elles exécutent en terrain découvert. La 8e comp. du 2e régiment a 800 pas à faire pour arriver à la pointe du bois ; elle parcourt cet espace en ordre dispersé, sans qu'il soit nécessaire de la renforcer directement, en faisant doubler sur elle une autre compagnie. Mais aussi elle ne peut le faire, que parce que le feu croisé des batteries, dirigé précisément sur son point d'attaque, devait avoir produit le plus grand effet. Il en est autrement à la 7e compagnie du 1er régiment. Celle-ci était déjà successivement arrivée aussi près de l'ennemi que ses forces le lui permettaient, mais pour aller plus loin, il fallait qu'elle fût renforcée, et cela ne pouvait se faire qu'en renforçant encore la ligne de feu par la huitième compagnie du même régiment. Mais une fois parvenue à 300 pas seulement de l'ennemi, l'arrivée des soutiens eût été nécessaire (2e et

3ᵉ compagnie), si la marche victorieuse de l'aile gauche ne l'eût bien vite aidée à passer l'obstacle.

Il est à remarquer, en outre, que les compagnies qui se trouvaient encore en 1ʳᵉ ligne (5ᵉ et 12ᵉ du 2ᵉ rég. et 10ᵉ du 1ᵉʳ rég.) reçurent l'ordre de continuer leur feu des positions qu'elles occupaient, et d'abandonner l'attaque proprement dite aux deux compagnies du 2ᵉ régiment (9ᵉ et 11ᵉ) qui traversaient leurs lignes. On ne doit agir ainsi que par exception, mais dans le cas présent, on a bien fait. L'enfoncement situé à l'est du col 451, dans lequel descendaient les troupes d'attaque, permettait aux troupes restées à leur position de tenir sous un feu continuel la ligne avancée des tirailleurs ennemis, et cet avantage n'est pas à dédaigner.

Quant aux soutiens, les 2ᵉ et 3ᵉ compagnies du 1ᵉʳ régiment prennent de nouveau entre elles quelques centaines de pas d'intervalle, parce qu'elles trouvent ainsi près de la chaussée et la lisière ouest du bois 527 plus de facilité pour s'abriter dans le terrain, qu'en restant réunies. Les 5ᵉ et 12ᵉ compagnies du 2ᵉ régiment se reforment de nouveau par compagnie, dès qu'elles sont arrivées dans la dépression dont il a été parlé plus haut. Si les 9ᵉ et 11ᵉ compagnies, qui combattaient en avant d'elles, ne parvenaient pas bientôt à gagner du terrain, les 5ᵉ et 12ᵉ auraient dû les soutenir. On ne pouvait le faire en portant en avant des troupes en ordre serré, mais on pouvait y arriver par un nouveau déploiement de leurs

pelotons. Dans ce dernier cas, on pourrait croire
qu'il était alors superflu de les concentrer auparavant, mais il n'en est cependant pas ainsi. On doit
utiliser tous les instants qui permettent de le faire,
pour passer d'un ordre dispersé à un ordre serré,
car c'est le seul moyen de remettre toujours sa
troupe dans la main. Les deux compagnies traversèrent le mouvement de terrain, qui descend du
sommet 527, en ligne de tirailleurs, les 6e et 7e en
demi-bataillons; par conséquent, chacune dans
la formation où elle se trouvait un instant avant
le mouvement. Si le feu de l'ennemi contre la
crête que devait franchir l'assaillant eût encore
été aussi considérable qu'il l'avait été quelques instants auparavant, le demi-bataillon aurait bien
fait de choisir une autre formation ; la même observation peut s'appliquer au 1er bataillon qui suivait en réserve.

On voit, par ces exemples, comment dans un
même régiment les commandants des compagnies
ont à prendre des mesures diverses, dans une attaque en terrain découvert, et combien elles doivent exiger de précautions et d'habileté de leur
part. Le commandant de la brigade ou celui du
régiment ne peuvent s'occuper de pareils détails ;
ils ne peuvent que donner la direction en grand et
ont à maintenir la cohésion de l'ensemble ; mais
cela n'est possible que si les officiers inférieurs
sont pénétrés de la conviction qu'ils ont aussi pour
mission de chercher sans cesse à agir de concert
et avec cohésion. Pour cela, il leur faut de nou-

veau rassembler leur monde, toutes les fois qu'ils
en ont le temps, et se reformer. On a besoin de
beaucoup s'y exercer dans ce but, car il y a plus
à apprendre ici qu'on ne pourrait le croire généralement.

Le combat à l'extrême droite, ainsi que dans
l'intérieur du bois situé au nord-est de Neu-Rognitz, porte un tout autre caractère qui résulte
de la situation générale du combat autant que des
circonstances locales.

L'ennemi oppose une résistance énergique dans
le bouquet du bois; là, le combat est arrêté. Pour
le pousser plus loin, il faut par conséquent y appeler plus de forces. Ces forces peuvent soutenir
les combattants en entrant dans le bois, mais elles
seraient en tous cas plus utiles, si on pouvait les
porter en avant en dehors du bois. On prendrait
ainsi en flanc les défenseurs, qui seraient forcés
de reculer ou même d'engager leurs réserves. Ici
il n'était cependant pas possible d'agir ainsi. A
l'est de la chaussée, il y a d'autres troupes déjà
en voie d'exécuter cette mission; en se portant, au
contraire, en avant à l'ouest de la grande route,
on n'arriverait qu'à agrandir les proportions du
combat. Il faudrait alors attaquer aussi les buissons situés au sud de la carrière, qui sont fortement occupés par les chasseurs ennemis, et les
forces qu'on a sous la main ne suffisent pas
pour exécuter un mouvement aussi étendu. Il ne
reste donc qu'à renforcer les troupes qui combattent dans le bouquet de bois, à se garder de ce

côté contre les troupes ennemies qui s'y trouvent,
et à s'assurer contre un retour offensif des réserves. C'est à ce dernier but qu'est destinée la
10ᵉ compagnie du 2ᵉ régiment, tandis que les soutiens réunis des 5ᵉ et 6ᵉ compagnies du 1ᵉʳ régiment sont envoyés dans le bouquet de bois.

Remarquons encore ici que le colonel D a eu
tort d'employer cette 10ᵉ compagnie pour la faire
combattre à son aile droite. Sous la pression des
événements, on avait oublié de retirer cette compagnie de Trautenau; cependant son capitaine agit
comme il convenait, en prenant l'initiative d'en
partir. Son détachement n'avait plus de but, du
moment où les colonnes de la 1ʳᵉ division pénétrèrent dans la viile. Il était tout aussi naturel que
la compagnie cherchât à rallier son régiment. Le
colonel D savait que ce régiment combattait à côté
de lui, et il avait assez de son régiment pour poursuivre la mission qui lui était dévolue; il ne devait donc pas enlever à un autre régiment une
troupe qui lui appartenait.

Les troupes avancées ne tardent pas à pénétrer
dans la lisière du bois situé au nord-est de Neu-
Rognitz; l'ennemi est décidément en retraite, les
troupes qui le poursuivent, l'épée dans les reins,
suffisent pour le moment complètement; il n'est
donc pas nécessaire d'engager de nouvelles forces.

Les troupes qui pénètrent dans des bois, des
villages ou dans tout autre terrain coupé et couvert, échappent toujours à la direction supérieure;
on ne saurait trop se pénétrer de cette pensée;

c'est dans la nature même du combat. Aussi l'autorité supérieure n'en a que plus de raison d'apporter toute son attention à garder dans la main tout ce qui ne combat pas en première ligne, et on ne peut y parvenir qu'en empêchant les troupes d'aborder trop tôt le terrain, où l'œil ne peut pénétrer, et en les réunissant de nouveau en grandes masses. On ne sait pas d'avance s'il ne vaudra pas mieux employer les réserves en dehors du bois; on ne connaît pas suffisamment le terrain, ni la position que peut occuper l'ennemi de l'autre côté, pour prendre immédiatement les dispositions convenables. Il faut pour cela s'orienter de nouveau, et donner de nouveaux ordres.

C'est dans ce sens qu'agit le général-major B, en empêchant d'abord les compagnies de réserve d'aborder le bois. Au lieu de les y faire entrer immédiatement, il les reforme en demi-bataillons sur la lisière et trace aux commandants de régiment la nouvelle mission qu'ils ont à remplir, par suite du changement survenu dans la situation.

Après la prise du bois, on voit des troupes en déboucher sans cohésion au delà de la lisière sud. L'ennemi est en pleine retraite, on veut le suivre quand même. Mais l'on ne peut agir ainsi que quand les circonstances permettent de connaître entièrement la force et la disposition de l'adversaire. Lorsqu'il s'agit de combats sur une grande échelle, et que le terrain ne permet pas d'y plonger les regards, ce sont là des moments dangereux, qui ne peuvent que facilement changer la face

des choses, et faire perdre avec une rapidité sur-
prenante des avantages chèrement achetés. Il faut
bien songer que le défenseur ne négligera pas de
prendre des mesures, pour parer aux conséquences
d'une attaque heureuse de l'ennemi et empêcher
qu'elle n'entraîne sa défaite. Il a certainement des
réserves à sa disposition; peut-être a-t-il préparé
et occupé une deuxième ligne de défense; il peut
disposer *en ordre* des forces qu'il tient en arrière,
tandis que les troupes qui poursuivent après l'attaque manquent de l'ordre et de la cohésion nécessaires. On verra souvent se représenter, dans un
combat de bois, des faits analogues à ceux qui se
passèrent ici, lorsque la 6e compagnie du 3e régiment s'élança tout à coup en avant à l'ouest de la
chaussée, et la 8e compagnie du 1er régiment à
l'aile gauche.

Il paraît donc convenable que les officiers supérieurs s'appliquent. à s'éclairer complètement
sur de telles situations; ils seront alors aussi pénétrés de la nécessité de s'établir d'abord dans le
terrain qu'on a conquis, et de se remettre autant
que possible en ordre. Une attaque aveugle au
delà de la lisière sud du bois conquis ne paraît
donc pas convenable.

Les combats qui doivent décider de la prise d'un
bois, d'un village, etc., sont sujets généralement
à beaucoup de fluctuations; aussi le général-major B fait bien de garder en réserve, à sa disposition exclusive, le 1er bataillon du 2e régiment.
On pourra également engager ce bataillon à

11

temps dans des combats de cette nature, qui sont toujours tenaces et durent longtemps; ce n'est que dans le cours du combat aussi que l'on peut voir à quelle aile se produit la plus grande résistance, et où il est besoin de renforts.

Remarquons encore, en dernier lieu, que dans les mouvements préparatoires de l'attaque ou dans ceux d'exécution, les bataillons et les compagnies de la 3ᵉ brigade ne doivent employer que des formations réglementaires. On n'a pas besoin de s'occuper d'inventer de nouvelles formations; notre règlement n'est pas seulement suffisamment riche à cet égard, les besoins d'aujourd'hui permettent même de le simplifier encore. *Il importe au plus haut degré de laisser aux fractions des grandes unités la liberté de prendre la formation réglementaire qui leur convient le mieux en raison du terrain et des circonstances; il importe de les exercer à le faire, sans altérer la cohésion de l'ensemble.* Nous pensons, ainsi que nous l'avons exprimé dans cette étude, qu'il sera souvent nécessaire, dans des circonstances de cette nature, de pouvoir porter en avant dans des formations entièrement différentes les fractions d'une seule et même ligne.

Quant à l'artillerie, dès qu'elle voit l'infanterie marcher à l'attaque du bois et masquer son feu, elle a dirigé de préférence son attention sur le terrain voisin. C'est principalement à cette circonstance qu'il faut attribuer la retraite des réserves ennemies, après leur mouvement offensif en dé-

hors du bois. La 2ᵉ batterie de 4, qui ne peut plus
maintenant agir de la position qu'elle occupe,
n'attend pas de nouveaux ordres, mais elle attèle
ses pièces et va chercher plus en avant l'occasion
de se rendre de nouveau utile.

4ᵉ *brigade d'infanterie.*

Lorsqu'à 1 h. 45 m. toute la première ligne de
la brigade vint à se heurter de front avec l'ennemi, qu'on avait voulu attaquer en échelons,
le général-major C crut nécessaire de marcher
aussitôt à l'attaque. Il était à supposer que les
essaims de tirailleurs relativement faibles, que
l'ennemi avait dans le fond de la prairie, n'op-
poseraient pas une résistance sérieuse à un assaut
général[1].

Les bois situés au sud du chemin carrossable
avaient été indiqués comme point d'attaque au
1ᵉʳ bataillon du 3ᵉ régiment; le bataillon de fusiliers devait s'avancer des deux côtés du sentier
sud sur Neu-Rognitz, le 2ᵉ bataillon des deux
côtés du sentier nord sur le même point. Le 4ᵉ régiment reçut l'ordre de suivre l'aile gauche.

Le 3ᵉ régiment se mit en mouvement 5 minutes
avant 1 heure; toutes ses fractions s'élancèrent
presque en même temps le long de la pente pour

---

[1] Le chemin carrossable est celui qui va de l'église Saint-
Jean et Saint-Paul rejoindre l'extrémité sud de Neu-Rognitz; le sentier sud s'embranche avec ce chemin un peu
avant d'arriver à Neu-Rognitz; le sentier nord passe près
des petits buissons et débouche au milieu de Neu-Rognitz.

descendre dans le ravin. Les tirailleurs ennemis, cédant à la violence de l'attaque, gagnèrent d'un côté le bois situé au nord-est de Neu-Rognitz, de l'autre les bois situés au sud du chemin carrossable. Les premiers entraînèrent à leur suite les 6e et 7e compagnies; l'aile gauche seule de cette dernière resta dans la direction du village. Le chef de bataillon, voyant bientôt l'aile gauche de la 3e brigade commencer son mouvement, dirigea les 5e et 8e compagnies, séparées à distance entière, des deux côtés du sentier nord vers Neu-Rognitz par le terrain découvert. Mais elles ne tardèrent pas à tomber dans un feu meurtrier, venant de la lisière du village. Ce n'est qu'après avoir déployé un peloton, puis aussitôt après un deuxième peloton de chaque compagnie, qu'elles parvinrent à gagner quelques centaines de pas plus loin, et à la fin il fallut déployer les pelotons de soutien, pour arriver seulement à environ 600 pas de la lisière. Enfin le feu de l'ennemi les força de s'arrêter.

Pendant ce temps, les 10e et 11e compagnies du bataillon de fusiliers s'étaient portées en avant des deux côtés du sentier sud; elles furent d'abord accueillies par le feu de la lisière du village, avec lequel ne tarda pas à se croiser aussi le feu du bois situé au sud du chemin carrossable. La 11e compagnie fit converser à gauche une de ses deux ailes, et la dirigea contre ce bois; elle employa aussi son peloton de soutien dans cette direction; mais toute la ligne en s'avançant n'en était pas moins prise en flanc, de sorte qu'il n'y avait aucune chance de succès à espérer pour le moment.

Un petit ravin, qui se trouvait là, offrit du moins quelque abri ; les troupes s'y entassèrent en grande partie, et continuèrent le feu dans les deux directions.

Les 9ᵉ et 12ᵉ compagnies, à intervalles de déploiement, avaient pu, malgré de grandes pertes, se rapprocher de la 1ʳᵉ ligne, formées en colonnes de compagnie. Le chef de bataillon essaya de reprendre avec leurs secours l'attaque qui avait été arrêtée. Il dirigea la 12ᵉ comp. contre le bois, la 9ᵉ à droite et tout contre le sentier sud vers Neu-Rognitz, et fit suivre le mouvement par les deux autres compagnies en ordre dispersé. Grâce au ravin qui favorisait quelque peu la marche en avant de la 9ᵉ comp. et des autres troupes, on put parvenir jusqu'à 400 pas de la lisière du village. L'attaque sur ce point échoua d'autant plus facilement qu'en ce moment le bois situé au nord-est du village n'était pas encore tombé au pouvoir de la 3ᵉ brigade, et qu'on en recevait aussi des coups de fusil. On essaya bien d'entretenir au moins un combat de tirailleurs de pied ferme, mais cette tentative échoua aussi, par suite des événements fàcheux qui se déroulaient plus à sa gauche. Là en effet, la colonne de la 12ᵉ compagnie, se mettant un pen tard en mouvement, s'était avancée, en se tenant reliée avec les troupes de la 11ᵉ compagnie, vers le bois situé au sud du chemin carrossable, mais elle tomba non seulement dans le

feu croisé de la forêt et du village, mais encore
dans celui de deux pièces, placées au point où le
chemin carrossable débouche dans Neu-Rognitz.
Les grandes pertes, qu'on éprouva, mirent le désordre parmi les assaillants ceux-ci s'enfuirent
vers le nord, entraînant à leur suite le reste du bataillon de fusiliers, ainsi que les 5e et 8e comp., qui
se retirèrent pour la plupart vers les petits buissons du sentier nord. En ce moment 3 ou 4 escadrons de hulans ennemis débouchèrent par le vide
compris entre la partie sud de Neu-Rognitz et le
bois situé près du chemin carrossable; ils se déployèrent avec la plus grande rapidité, et tombèrent sur les fusiliers dans leur retraite précipitée,
avant qu'ils ne pussent gagner les buissons qui
devaient les couvrir. On en sabra un grand nombre ; la retraite des autres dégénéra en une fuite
complète. Les troupes du 2e bataillon seules tin-
rent bon et repoussèrent ceux des hulans, qui
étaient tombés sur elles, en leur faisant éprouver
de grandes pertes. Le reste de la cavalerie ennemie ne vit son action limitée que par l'arrivée du
régiment de hussards. Les deux escadrons de ce
régiment avaient quitté leur position à l'est de
l'église St-Paul et St-Jean, au moment où les bataillons du 4e régiment s'étaient portés en avant
et avaient suivi le mouvement de ces bataillons.
Quand le centre de la brigade commença son mouvement rétrograde, ils s'étaient dirigés rapidement le long de la crête du contrefort (qui descend de 527) vers le bouquet d'arbres situé près

du sentier nord ; de là ils traversèrent la bande
de prairies et se jetèrent sur les hulans, qui se
trouvaient dispersés et sans réserves ; les hulans
furent repoussés et poursuivis jusque près de Neu-
Rognitz ; mais là les hussards furent en butte à
un violent feu croisé ; leur commandant se vit
forcé de renoncer à la poursuite, et les escadrons
eurent à leur tour à supporter des pertes considérables dans leur retraite.

Les événements qui se passaient au centre, devaient aussi faire sentir leur influence à l'aile
gauche. A cette aile , aussitôt que les troupes du
1er bataillon eurent traversé la prairie située en
avant d'elles et gravi la pente opposée, elles furent
accueillies non seulement par le feu du bois situé
au sud du chemin carrossable, mais encore par
les obus des deux pièces, qui se trouvaient à l'extrémité sud de Neu-Rognitz, et dont il a déjà été
question. Aussi les compagnies furent rejetées en
grande partie dans le terrain au sud du chemin
carrossable. Mais ici, la nature du terrain, qu'on
avait devant soi, ne permettait pas de pénétrer dans
les lisières des bois ; il fallut avant tout chercher
à ébranler l'adversaire par notre feu, et plier pour
cela aussi bien que possible les tirailleurs et leurs
soutiens aux formes du terrain, qui pouvaient les
couvrir. Le chef de bataillon fit arrêter la 1re comp.
au point où le chemin carrossable traverse la ligne
ou prairies, et cette compagnie porta son peloton
de tirailleurs à environ 400 pas plus loin sur la
pente opposée. La 2e comp., déployée tout entière

en tirailleurs, un peloton de la 4e et un de la 5e comp., qui s'étaient déjà avec elle trouvés au feu avant l'attaque, s'embusquèrent derrière les talus au sud du chemin. Les deux autres pelotons de la 4e comp., ainsi qu'un de la 3e, se postèrent en ordre serré dans le petit ravin qui se trouve en cet endroit. Le dernier peloton de la 3e comp. reprit sa première direction (voyez page 93) et rencontra l'ennemi près du mamelon 372.

Mais le commandant du 1er bataillon, voyant le centre de la brigade complètement découvert par la retraite du bataillon de fusiliers vers le sentier nord, après l'échec complet qu'il avait éprouvé, crut ne pas devoir rester plus longtemps dans une position aussi isolée, resserrée par divers ruisseaux, avec des prairies en partie marécageuses sur ses derrières. Il ordonna, en conséquence, aux soutiens des 3e et 4e comp. de regagner leur ancienne position sous la protection de la 1re comp.; les tirailleurs suivraient alors le mouvement.

Le 4e régiment avait reçu l'ordre de se mettre en mouvement un peu avant 1 heure. Quoi qu'on eût préparé des chemins à l'avance, il se produisit néanmoins quelques arrêts, en traversant Alt-Rognitz. Lorsqu'on vit le mouvement rétrograde des troupes du 3e régiment, le général de brigade fit diriger un bataillon, pour recueillir les fuyards, vers les bois du sentier nord. Il se porta lui-même sur ce point, pour remettre en ordre le bataillon de fusiliers du 3e régiment, mais là il fut mis hors de combat, ainsi que le colonel. A 2 h.

20 m. le 1ᵉʳ bataillon du 4ᵉ régiment était arrivé près des bois, où il se rencontra avec le bataillon de fusiliers du régiment, qui venait de la direction nord.

Le colonel G avait envoyé, dans l'intervalle, les 6ᵉ et 7ᵉ compagnies du régiment pour couvrir le flanc gauche, vers le mamelon 327, où on apercevait un engagement; il porta lui-même en avant les 5ᵉ et 8ᵉ compagnies pour soutenir le 1ᵉʳ bataillon de ce régiment, qui revenait en arrière. Quand il fut réuni avec les troupes de ce bataillon au point où le chemin carrossable traverse la prairie, il ordonna une nouvelle attaque générale. Le demi-bataillon de son régiment, ses pelotons de tirailleurs en tête, s'avança des deux côtés du chemin carrossable; à sa droite marchait la 1ʳᵉ compagnie, et à gauche les pelotons de soutien en colonne serrée des 3ᵉ et 4ᵉ compagnies du 3ᵉ régiment. Tout le reste des troupes, déployées en tirailleurs, se joignirent à cette attaque générale, entreprise au bruit du tambour; cette marche parut d'abord avoir quelque succès, mais bientôt avant d'arriver au bois situé au sud du chemin carrossable, l'attaque échoua sous le feu de l'infanterie et de l'artillerie ennemie, et avec d'autant plus de rapidité que plusieurs compagnies ennemies se déployèrent tout à coup sur le dernier mouvement de terrain à l'est du bois, et accueillirent les assaillants par des salves d'abord, puis par un feu rapide. Les six compagnies, qui combattaient là, regagnèrent, après quelques instants, leurs anciennes positions dans le plus grand désordre. Les pertes furent extrêmement grandes; on perdit entre autres le colonel G; la plupart des officiers furent tués ou blessés. Telle était la situation du combat à la 4ᵉ brigade à 2 h. 25 m. au moment où le général de division venant du bois 527 arrivait aux batteries de 6.

Remarques sur l'attaque de la 4ᵉ brigade d'infanterie.

L'attaque ne dura que 25 minutes, pendant lesquelles trois bataillons et demi furent réellement engagés. Si l'on considère la tournure que prit le combat, ainsi que le terrain où il eut lieu, une perte de 700 à 800 hommes chez les troupes engagées ne paraîtra pas exagérée.

Il faut s'attendre à de pareilles pertes; mais ce qui est plus grave, c'est de voir l'échec complet de la brigade dans son attaque, et il faut être bien fixé sur les causes, qui amenèrent un résultat aussi fâcheux.

On peut bien prétendre tout d'abord que, vu la position que l'ennemi occupait en face de la brigade, la manière dont fut menée l'attaque présageait peu de chances de succès pour les assaillants. La lisière est de Neu-Rognitz était flanquée par le bois situé au nord-est, et par les bois situés au sud du chemin carrossable; on ne pouvait donc guère attaquer de vive force cette lisière, avant d'avoir pris les bois, qui la couvraient sur les flancs. On n'aborde un terrain de cette nature

que s'il n'y a pas d'autre moyen d'atteindre l'ennemi, ou si les circonstances générales l'exigent
d'une manière absolue. La 4ᵉ brigade aurait donc
dû, dans son attaque, diriger principalement le
gros de ses forces contre les bois du chemin carrossable, tandis que l'aile droite pouvait soutenir
efficacement l'attaque de la 3ᵉ brigade. Pour relier
les deux fractions alors séparées de la brigade, le
terrain à droite et à gauche des sentiers nord et
sud offrait une forte position, où aurait pu se
placer l'artillerie, pour préparer et soutenir l'attaque. Mais l'artillerie disponible de la division
avait déjà reçu une autre destination ; on voit
donc par là qu'*il est absolument nécessaire de renforcer l'artillerie divisionnaire sur les points dé-
cisifs*. On avait certainement employé l'artillerie
de la 1ʳᵉ division d'infanterie, mais en un point
où elle ne pouvait avoir que relativement peu
d'utilité. A l'ouest de la chaussée, il eût suffi de
renforcer par une batterie montée la batterie à
cheval qui s'y trouvait. Mais l'emploi en ce point
des 18 autres pièces ne présentait plus aucun
avantage pour le combat de la 2ᵉ division d'infanterie, et par suite pour l'intérêt général; son
absence à la 4ᵉ brigade devait, par contre, vivement se faire sentir.

A l'aile droite, on pourrait s'étonner de voir les
6ᵉ et 7ᵉ compagnies du 3ᵉ régiment si rapidement
enlevées au combat de leur brigade et entraînées
dans celui de la 3ᵉ brigade. Les circonstances, où
se trouvaient ces deux compagnies, ne permettent

guère de leur en faire un reproche. Il faut y voir plutôt le résultat de l'action dissolvante que produit le combat en certains moments, et que l'autorité supérieure ne peut maîtriser. Il faut reconnaître ici que le chef de bataillon sait conserver pour le but assigné à sa brigade les 5ᵉ et 8ᵉ compagnies, que le désordre a épargnées.

La marche en avant de ces deux compagnies, ainsi que du bataillon de fusiliers, montre combien il est difficile de traverser aveuglèment et sans s'arrêter un grand espace complètement dominé par le feu de l'ennemi. Avec des troupes braves, il est certainement possible que la 1ʳᵉ ligne, ainsi que les troupes qui suivent, parviennent plus en avant, quoique avec les plus grandes pertes, mais alors on finit par détruire les forces de la meilleure troupe. Si l'on veut, à une trop grande distance de l'ennemi, porter plus en avant en ordre serré les soutiens soumis également à un feu meurtrier, une telle tentative échouera en général. Alors s'il se présente encore des moments, comme ceux qui se sont présentés à l'aile gauche du bataillon de fusiliers, non seulement on ne sera plus en état de se maintenir sur le terrain qu'on occupe, mais la plupart du temps, il en résultera une retraite, qui ressemblera à une fuite. Si l'attaque de vive force d'une bonne position bien défendue par son feu sur son front est presque impossible, elle sera certainement inexécutable sous un feu croisé.

La défense montre, en ce moment, une action

commune de toutes les armes, qui produit presque
une catastrophe au centre des troupes d'attaque.
L'entrée en action des 2 escadrons de hussards a
cependant certainement son utilité. Ils subiront
certainement de grandes pertes, et si un régiment
de cavalerie divisionnaire trouve à la guerre une
ou deux occasions successives de s'engager de
cette sorte, il sera bientôt fondu, et aura peine à
suffire au service qu'il a encore à faire à sa division d'infanterie. Mais alors on trouve toujours
l'occasion de l'échanger avec un autre régiment
d'une division de cavalerie.

Il y a encore un fait particulier à noter. Les
escadrons de hussards arrivent au trot, voient ce
qui se passe, se déploient et marchent à l'attaque.
Ils remplissent leur rôle, rejettent les hulans ennemis, tombent alors dans le feu de l'infanterie
de l'adversaire; on sonne le ralliement, et toute
cette masse fait demi-tour et va se rallier au point
d'où est parti l'attaque. Et il y a tout à croire que
dans les rapports ultérieurs de l'infanterie, ce moment sera la plupart du temps indiqué ainsi :
« lorsque nos hussards furent repoussés » ou « lors
de l'attaque malheureuse de notre cavalerie » . De
telles appréciations ne peuvent certainement être
agréables à ceux qu'elles concernent, et ce n'est
pas leur rendre justice. Le ralliement de la cavalerie après une attaque a, en présence de l'ennemi,
un tout autre aspect que sur le champ de manœuvre. Là arrivent d'abord une masse de chevaux sans cavaliers, puis au milieu, des cavaliers

isolés qui ne sont plus maîtres de leurs chevaux,
et qui déchargent leurs armes au loin, après qu'ils
ont dépassé le lieu de ralliement; au milieu d'eux
se trouvent bien aussi çà et là des cavaliers ennemis; alors toute cette masse désordonnée s'em-
porte comme si, en général, elle ne songeait pas à
s'arrêter. Tout cela ne peut produire certainement aucune impression agréable, et la cavalerie
fera bien de se rallier toujours aussi loin que possible en avant. Mais, dans certaines circonstances,
comme ici par exemple, cela ne sera pas praticable. L'infanterie, qui se trouve engagée, ne sera
pas la plupart du temps en état de se faire un
tableau exact de la situation; il faudrait pour
cela voir entièrement l'ensemble de l'attaque, depuis le départ jusqu'au choc et aux conséquences
qui le suivent; la troupe en aura rarement l'occasion et l'on fera bien, par conséquent, d'être très
réservé dans son jugement dans des circonstances
de cette nature.

Quant à la manière dont l'infanterie doit se
comporter devant la cavalerie ennemie, il suffit
de dire qu'elle peut par son feu repousser toutes
les attaques de la cavalerie, pourvu qu'elle ait, en
général, un champ de tir devant elle et qu'elle tire
avec calme. Peu importe la formation, dans
laquelle elle se trouve alors. Deux lignes de tirailleurs, surprises par la cavalerie, n'auront rien de
mieux à faire que de se coucher, de laisser passer
l'attaque et alors de faire feu par derrière la cavalerie. Ce que peut faire de pis l'infanterie en de

pareils moments, ce serait de courir en arrière
pour se rallier[1].

La retraite du 1er bataillon du 3e régiment,
après la catastrophe du centre, devrait paraître justifiée d'après la situation de ce bataillon, telle
qu'elle a été exposée. Il y a cependant lieu d'être
un peu plus sévère pour le colonel G. Il a avant
tout un régiment à diriger, et non 2 compagnies
seulement à porter en avant, en laissant les autres
aller à leur gré. Ces 2 compagnies ont leurs chefs
et le 1er bataillon du 3e régiment a aussi le sien.
Ce bataillon ne se retire nullement en désordre,
mais il regagne d'une manière intelligente sa première position. Le colonel G pouvait donc donner
des ordres au bataillon, aussi bien qu'à son propre
demi-bataillon, et surveiller l'exécution de ces
ordres, ainsi que celle des dispositions qu'il avait
prescrites au reste de son régiment. C'était là son
rôle ; la situation de ce côté ne réclamait en rien
de lui, qu'il donnât un exemple personnel de bravoure ; là tout suivait son cours régulier. Mais le
colonel G n'avait sous la main qu'une petite fraction de son régiment, et il se vit entraîné à disposer, sans plus de considération, d'un bataillon
d'un autre régiment, tandis que ses propres troupes se trouvaient à une grande distance ; la faute

[1] Dans la relation d'un corps de troupes, qui fut surpris à
la bataille de Kœniggrätz par 2 escadrons de hulans autri-
chiens, il est dit que la ligne des tirailleurs ne perdit pas un
homme, parce qu'elle s'était couchée, un seul fut blessé, en
voulant se rallier au soutien ; mais les braves hulans laissèrent la moitié de leur monde sur le carreau.

en est encore ici à la formation de la brigade, qui était par le fait divisée en deux lignes, comprenant chacune un régiment.

On peut encore se demander si ce colonel a bien agi, en renouvelant immédiatement l'attaque avec toutes les forces, qu'il avait sous la main. On peut bien l'excuser d'avoir voulu continuer le combat, malgré la catastrophe du centre, puisque l'attaque aurait dû se diriger d'abord contre le bois du chemin carrossable, ainsi qu'on l'avait déjà essayé auparavant. Mais on s'y prit mal. La situation actuelle du combat sur ce point paraît ressembler beaucoup à celle qui se déroulait sur la chaussée en avant d'Hohenbruck; elle en diffère cependant essentiellement. Là, lorsque les 1re et 4e compagnies du 1er régiment commencèrent leur mouvement rétrograde, l'ennemi les suivit sur les talons et avec autant de désordre qu'elles. Mais ici, il s'agissait de renouveler une attaque sur une forte position ennemie, dont la défense ne pouvait encore en rien être ébranlée. On ne devait donc engager l'attaque qu'avec une grande précaution et en utilisant avec grand soin le terrain; la situation générale n'exigeait nullement de la brusquer.

On se voit cependant souvent entraîné par les circonstances à agir comme on aime à le faire ici, en faisant partir à une trop grande distance les troupes qui renouvellent l'attaque, et quand leurs chefs ne connaissent pas la tournure particulière, que le combat a prise jusqu'alors sur ce point. Le tableau, qui se déroule derrière une troupe engagée dans un combat acharné et indécis, est presque toujours le même. Des groupes de blessés reviennent en arrière, entremêlés d'hommes qui cherchent à se soustraire au danger. Les appels qu'ils adressent à ceux qui arrivent pour attaquer à leur tour, ne sont pas faits pour leur donner une idée exacte de la situation : « nous n'avons plus de munitions; nous ne pouvons plus tenir. Vous venez trop tard, vous ne ferez plus rien! » ou « tout peut encore se réparer ». Ce sont là des paroles qu'on a entendues, et qui sont prises sur le fait. Officiers et hommes se disent alors : Tout est en jeu en avant, *il n'y a plus qu'un seul moyen, c'est d'engager immédiatement toutes ses forces.* C'est ainsi que les choses se passent, même dans des situations, où tout en avant va comme vous le désirez, et souvent les troupes de renfort, sous les fausses impressions qu'elles ont reçues en se portant d'arrière en avant, s'exagèrent beaucoup à elles-mêmes la valeur de la coopération qu'elles ont apportée. Il est donc nécessaire que les officiers, qui commandent les lignes en arrière, ou les réserves, fassent, dès le début, tout leur possible pour s'orienter sur le combat engagé en avant d'eux, et cela de la manière la plus complète.

Quand on se porte en avant, le tambour ne manquera pas d'exercer son heureuse influence; il ne faut toutefois en user qu'avec précaution; souvent il appelle l'attention de l'ennemi sur l'ap-

proche d'une colonne, qu'il n'aurait pas soup-
çonnée sans lui.

Lorsque les troupes du 4ᵉ régiment arrivèrent à
l'aile gauche, le combat y était presque suspendu,
elles ne peuvent plus servir, pour le moment, qu'à
recueillir les troupes repoussées au centre et à
l'aile droite. C'est là la preuve la plus certaine
que le régiment se trouvait encore trop en arrière,
au moment où la brigade commença son attaque.
Le 3ᵉ régiment aurait dû alors recevoir l'ordre de
ne s'avancer qu'au moment, où le 4ᵉ régiment
serait arrivé à sa proximité, et le terrain le permettait ici parfaitement.

Si nous récapitulons les causes de l'échec meurtrier de la brigade dans son attaque, ces causes
sont les suivantes :

*L'attaque n'a pas été suffisamment préparée
par le feu de l'infanterie et de l'artillerie.*

*On n'a pas discerné les véritables points
d'attaques.*

*On a essayé d'aborder l'ennemi à une distance
de 1800 pas par une marche aveugle et non inter-
rompue en avant dans un terrain peu favorable
à l'offensive,*

Et enfin :

*On a tenu la 2ᵉ ligne à une trop grande dis-
tance des troupes engagées.*

On aurait pu éviter toutes ces causes d'échec
en agissant autrement. *Quand il s'agit de grands
corps de troupes, le succès du combat réside bien
plus dans la manière de les diriger, que dans les*

formations à employer. Il faut donc diriger l'instruction militaire des officiers de la manière la plus large, et leur fournir l'occasion de s'y exercer.

SUITE DU COMBAT DE LA 2ᵉ DIVISION D'INFANTERIE JUSQU'A LA RETRAITE DE L'ENNEMI.

(De 2 h. 20 m.[1] à 4 h.).

En se rendant à l'aile gauche de la division, le lieutenant-général A rencontra d'abord les deux batteries de 6, qui avaient dirigé leur feu sur Neu-Rognitz même, après la prise du bois situé au nord-est du village, sans quitter leur première position (2 h. 25 m.). Il ordonna au major J., de réunir toutes ses batteries et de canonner de préférence les bois du chemin carrossable, tout en continuant de tirer sur le village. Le général arrêta ensuite le bataillon de fusiliers et le 1ᵉʳ bataillon du 4ᵉ régiment, qui allaient se porter en avant, en passant près des petits bouquets de bois du sentier nord, pour renouveler l'attaque de leur côté Il donna le commandement des troupes au plus ancien officier supérieur présent, en lui prescrivant de réunir et de reformer le bataillon de fusiliers, ainsi que les 2 compagnies du 2ᵉ bataillon du 3ᵉ régiment; (2 h. 30 m.) le général se porta ensuite à l'extrême gauche, en s'y fai-

---

[1] Pour ne pas interrompre le récit, on a déjà indiqué les opérations des diverses troupes jusqu'à 2 h. 25 m. dans le chapitre précédent.

sant précéder par son officier d'état-major. (2 h.
32 m.) A son arrivée, il trouva cet officier qui,
secondé par le zèle de quelques officiers, s'effor-
çait de remettre en ordre les hommes, qui se trouvaient pêle-mêle près des fermes du chemin carrossable; on voyait cependant un assez grand
nombre de tirailleurs encore aux prises avec l'ennemi de l'autre côté de la bande de prairies.

(2 h. 37 m.). Après s'être convaincu que
l'ennemi ne poursuivait en aucun point les
troupes repoussées, qu'il n'y avait par conséquent
aucun danger à redouter, il s'occupa des nouvelles dispositions à prendre, maintenant qu'on
avait déjà pris les premières mesures pour rétablir l'ordre.

Après quelques instants de réflexions, il envoya
son premier aide-de-camp porter les instructions
suivantes au commandant de la 3e brigade :

> « Dites au général-major B, de pour-
> suivre vigoureusement les avantages ob-
> tenus jusqu'ici et de faire tous ses efforts
> pour s'emparer de Neu-Rognitz; allez
> ensuite à la recherche du général en chef
> et informez-le de la tournure du combat à
> l'aile gauche. Dès que les troupes seront
> reformées, je porterai de nouveau la
> 4e brigade à l'attaque des bois situés près
> du chemin carrossable. »

Il ordonna ensuite à un officier d'ordonnance
d'aller à la recherche de la division de la garde

dans la direction de Saint-Paul et Saint-Jean, au delà d'Alt-Rognitz, et de faire au général commandant cette division la communication suivante :

« L'aile droite de la division poursuit sa marche victorieuse en avant le long de la chaussée, mais l'aile gauche a échoué dans son attaque contre les bois du chemin carrossable. Je suis sur le point de commencer une nouvelle attaque. Je désirerais que la garde me soutînt à cet effet sur mon aile gauche, et le mieux pour cela, serait de la porter par Rudersdorf sur Staudenz. » (2 h. 45 m.)

Le lieutenant-général A s'occupa ensuite de réorganiser le commandement dans les corps de la 4ᵉ brigade, qui avaient perdu leurs chefs. Le général de la brigade et un des colonels avaient été mis hors de combat ; l'autre colonel avait été tué. Le commandement de la brigade revenait donc au plus ancien officier supérieur ; c'était le lieutenant-colonel Z (bataillon de fusiliers du 4ᵉ régiment). Le général venait justement de lui parler près des petits buissons ; il fut donc facile de le trouver et de le faire venir. Le général de division lui donna l'ordre suivant. (3 h.) :

« Vous prendrez jusqu'à nouvel ordre le commandement de la brigade. Portez en avant les deux bataillons qui sont encore en ordre serré (4ᵉ régiment), pour engager l'attaque contre la pointe nord-est du bois situé en avant près du chemin carrossable, en cherchant à l'envelopper. Mettez le plus vite possible le reste de la brigade à l'abri derrière le contrefort (300 pas à l'ouest de la ferme située sur le chemin carrossable). Je donnerai après des ordres pour la suite. Mon aide-de-camp vous secondera provisoirement. Vous ferez du reste déposer les sacs. »

Le général se rendit alors au point où le sentier sud traverse le contrefort, qui descend du mamelon 527; il fut toutefois obligé de se retirer un peu en arrière de la crête, pour éviter les balles ennemies, qui arrivaient en grand nombre jusque là. De ce point, il pouvait voir suffisamment le combat de la 3ᵉ brigade, qui avançait lentement, ainsi que le terrain d'attaque de la 4ᵉ brigade, et en même temps surveiller la formation de cette dernière. Sa présence ici était déjà devenue indispensable. Le bataillon de fusiliers, certainement, ne formait guère, au commencement, qu'une petite masse de 300 hommes tout au plus; les deux escadrons de hussards ne comptaient pas en tout 140 chevaux; le 1ᵉʳ bataillon du 3ᵉ régiment était complètement fondu, ainsi que le demi-bataillon du 4ᵉ régiment, qui se trouvait près de lui; mais on en formait toujours 4 masses compactes, composées du 1ᵉʳ bataillon, du bataillon de fusiliers et d'une moitié du 2ᵉ bataillon du 3ᵉ régiment, ainsi que d'un demi-bataillon du 4ᵉ régiment (du 2ᵉ bataillon), en somme environ 1,600 à 1,700 hommes.

Le combat se déroula ensuite sous les yeux du général de division à peu près comme il suit :

Pendant que la 4ᵉ brigade prenait les dispositions qui venaient de lui être prescrites, le combat ne faisait pas grand progrès dans Neu-Rognitz. On se disputait toujours la partie nord du village et on se battait aussi à l'ouest, à ce qu'il paraissait ; aucune troupe n'abordait le terrain découvert à l'est du village ; par contre, le feu s'étendait à vue d'œil, et il y avait même déjà une maison en flammes dans la partie sud du village. On apprit par un officier d'état-major du corps d'armée que le général en chef, voyant le succès de l'attaque près de la chaussée, avait de nouveau arrêté la 1ʳᵉ brigade d'infanterie, qui s'avançait déjà au sud d'Hohenbruck, pour ne pas engager inutilement un trop grand nombre de troupes.

Le général invita cet officier à représenter au général en chef qu'en portant des troupes fraîches de l'autre côté de la chaussée, il était probable qu'on faciliterait le combat et qu'il était d'autant plus désirable de faire de rapides progrès de ce côté que l'aile gauche n'avait pas jusqu'à présent gagné un pouce de terrain et avait déjà subi de grandes pertes. L'approche de la division de la garde dispensait de soutenir cette aile directement.

Sur ces entrefaites, une batterie (c'était la 2ᵉ batterie de 4) s'était mise en position à environ 400 pas au nord du bois de Neu-Rognitz et avait dirigé son feu contre la moitié sud du village en rasant la lisière est du bois. Bientôt après, une 2ᵉ batterie la (1ʳᵉ batterie de 4) se portait au trot,. en passant derrière le général de division, vers la ferme située près du chemin carrossable, prenait position à 100 pas à l'est de cette ferme et canonnait le bois situé en avant près de ce chemin, bois qui était en même temps exposé au feu des batteries de 6, restées dans leur première position.

Un instant après, le 1ᵉʳ bataillon du 4ᵉ régiment s'avança jusqu'au chemin carrossable (en passant également à côté du général de division), et de là se porta, formé en bataille en colonnes de compagnie sur deux lignes, vers le bois mentionné plus haut, en traversant la bande de prairies; en même temps le bataillon de fusiliers débouchait des bouquets de bois du sentier nord et s'approchait lentement de la lisière nord du bois avec de gros essaims de tirailleurs. On voyait en outre d'autres tirailleurs s'avancer vers le milieu du village, en longeant la lisière du bois.

Plus à gauche, dans la direction du mamelon 372, le combat était, dans l'intervalle, devenu plus violent. Il fut prescrit, en conséquence, au lieutenant-colonel Z, d'y envoyer un renfort tiré de la réserve de la 4ᵉ brigade; un peu plus loin vers le sud-ouest, on entendit bientôt après tirer le canon. Ce devait être le canon de la garde; cependant on s'étonnait qu'aucun officier de cette division ne fût encore arrivé, pour se concerter. On discuta à l'état-major sur l'apparition de quelques hussards rouges, qu'on avait aperçus dans les derniers instants, et qui ne pouvaient appartenir qu'à des patrouilles de la division de la garde. Le général, ne voyant pas revenir l'officier d'ordonnance qu'il avait envoyé, expédia son officier d'état-major avec quelques hussards dans la direction où on avait entendu le canon, pour se renseigner sur ce qui se passait de ce côté.

Bientôt après, les deux bataillons du 4e régiment parvinrent à pénétrer dans le bois le plus avancé, et en même temps celles de nos troupes que l'on apercevait en dehors de Neu-Rognitz, se précipitèrent dans le village (3 h. 25 m.), au point où débouche le sentier sud.

On ne se battait plus maintenant que dans la dernière partie de Neu-Rognitz, ainsi que sur les bords du petit ruisseau, situé au sud du bois que venait d'enlever la 4e brigade, mais le combat y était encore très vif. Le général de division y dirigea la réserve de la 4e brigade, mais en recommandant toutefois au lieutenant-colonel Z, de ne pas chercher à forcer d'abord la forte position, que l'ennemi y occupait, parce que l'arrivée de la garde devait faire sentir son effet d'un moment à l'autre.

Quant à lui, le lieutenant-général A prit le sentier sud et se porta au galop (3 h. 32 m.) jusqu'à hauteur du bois qu'on avait conquis. (On voyait aussi que l'ennemi avait également évacué le bouquet de bois situé un peu plus à l'est). Il fut rejoint à cet endroit par le chef d'état-major du corps d'armée, que le général en chef, de la hauteur 527 où il s'était placé sur ces entrefaites, lui avait envoyé, pour s'entendre sur la situation et lui communiquer ses projets ultérieurs.

Cet officier informa d'abord le général de division que, d'après le rapport que le général en chef avait déjà reçu, la 1re division d'infanterie de la garde s'était portée à l'est de Rudersdorf sur Standenz, qu'elle n'avait, à ce qu'il paraissait, rencontré que des forces faibles de l'ennemi. Le général en chef avait, par conséquent, l'intention de ne pousser son mouvement offensif que jusqu'à ce qu'on trouvât une position avantageuse, à moins qu'il ne se présentât encore quelques occasions très favorables. Du reste, en raison des opérations générales de l'armée et de la marche éventuelle du corps sur Arnau, il ne voulait pas dépasser Neu-Rognitz. La 1re division d'infanterie, ainsi que l'artillerie de corps, sont déployées au nord et au sud d'Hohenbruck.

Après quelques pourparlers, le lieutenant-général A décida qu'il se bornerait à occuper Neu-Rognitz, aussitôt qu'il en serait complètement maître. Mais il crut nécessaire de s'emparer également des grands bouquets de bois situés au sud-est du village; seulement, pour ne pas s'exposer à faire inutilement de grandes pertes, il voulut attendre, pour attaquer, que l'effet de l'entrée en action de la garde se fît sentir.

Sa coopération ne pouvait paraître immédiatement avec toute sa force; l'officier d'ordonnance qui avait été envoyé à la garde, revint juste à ce moment et on apprit par son rapport que l'avant-garde seule (4 bataillons, 4 batteries et 3 escadrons) s'était déployée à environ 1,500 pas au sud de Rudersdorf, mais que le gros était encore loin en arrière, et que tous les corps avaient cependant pris la direction de Staudenz, comme on le désirait.

Le chef d'état-major s'était à peine mis en rou e pour repartir, qu'on pût s'apercevoir clairemei t (3 h. 45 m.) que l'ennemi, que le 4e régimen; avait en face, était sur le point de quitter sa position le long du ruisseau. Le lieutenant-colorel Z donna aussitôt l'ordre de marcher à l'attaque avec les deux bataillons du régiment qui étaient engagés, et de causer le plus de dommage possible à l'ennemi dans sa retraite, mais sans dépasser la lisière sud des bouquets de bois situés en avant.

L'ennemi n'attendit pas que nous reprissions l'offensive de ce côté; il évacua même la partie sud de Neu-Rognitz, à laquelle il s'était obstiné jusqu'alors. Le général de division s'approcha du village, où le rejoignit le général-major B. il apprit par le rapport que lui fit le général de brigade, que le combat de sa brigade avait été difficile et meurtrier, mais qu'on avait néanmoins réussi à décider l'ennemi à la retraite; que Neu-Rognitz était complètement au pouvoir de la bri-

gade, mais qu'il était impossible d'aller plus loin,
car l'ennemi occupait avec beaucoup d'artillerie
la hauteur située au sud ; un bataillon était encore
intact. Il prescrivit, en conséquence, au général
de s'établir fortement dans Neu-Rognitz et de
reformer d'abord sa brigade (3 h. 52 m.). On vit
en même temps les deux batteries de 6, qui s'avançaient dans la direction du point où se trouvait
le général de division.

Le but principal du combat paraissait donc
atteint à 4 heures ; il s'était terminé victorieusement dans ses points essentiels pour la 2ᵉ division d'infanterie ; il ne s'agissait plus que de
savoir, s'il fallait poursuivre et jusqu'où.

REMARQUES SUR LE COMBAT DE LA DEUXIÈME DIVISION D'INFANTERIE.

(De 2 h. 20 m. à 4 h. après-midi.)

En ce qui concerne la direction du combat, il
est inutile d'insister davantage sur la nécessité pour
le lieutenant général A de courir à son aile gauche, autant pour veiller lui-même à y rétablir l'ordre que pour prendre lui-même la direction du
combat. Dans ces moments critiques, il faut, en
général, porter son attention sur les points suivants :

Arrêter les troupes qui rétrogradent et prendre
les dispositions pour empêcher que leur insuccès
n'ait des suites plus fâcheuses, surtout si l'on est
pressé par l'ennemi ; rétablir l'ordre et donner des

chefs aux troupes qui ont perdu les leurs, et combiner des mesures pour reprendre les positions qu'on avait mission d'enlever, ou pour exécuter d'autres projets.

Dans le cas présent, le général A a satisfait en général à ces exigences. On ne peut que l'approuver, en effet, d'avoir suspendu la marche des deux bataillons en ordre serré du 4ᵉ régiment, jusqu'à ce qu'il pût juger toute la situation et les employer de la manière la plus convenable, car si ces deux bataillons, qui constituaient son dernier point d'appui pour son aile gauche, étaient imprudemment exposés à être détruits, on ne pouvait plus compter sur le reste de la brigade pour la fin de la journée.

Il fallait se reporter en avant aussitôt que possible ; c'était nécessaire, si l'on voulait utiliser, en général, toutes les forces qu'on avait sous la main. Le général de division avait immédiatement discerné le véritable point d'attaque dans le bois le plus avancé situé près du chemin carrossable ; on ne pouvait songer, avant de s'en être emparé, à porter la 4ᵉ brigade à l'attaque du front Est de Neu-Rognitz. Le général de division n'était pas moins pénétré de l'importance qu'il y avait à préparer judicieusement l'attaque, qui allait être recommencée. Les instructions données au commandant de l'artillerie divisionnaire suffisaient complètement pour une telle préparation. C'est pour la même raison qu'il prescrivit aux deux bataillons en ordre serré du 4ᵉ régiment de se borner seulement à engager le combat, et qu'il ne voulut pas commencer l'attaque, avant que la brigade ne fut suffisamment reformée, afin de pouvoir aussi l'exécuter avec toutes les forces disponibles.

Si nous voyons ici le général de division entrer dans plus de détails de la brigade qu'il ne paraît nécessaire dans d'autres circonstances, cette intervention est justifiée : il fallait réorganiser le commandement dans la brigade, qui avait perdu son général ainsi que la plupart de ses officiers supérieurs ; de plus, l'autre aile avait un but particulier à atteindre, et le général-major B avait dans la main les moyens nécessaires pour exécuter sa mission. Au reste, le général de division se borne à donner au lieutenant-colonel Z une idée générale pour le guider aux divers moments du combat, sans cesser pour cela d'observer les événements qui se passent à l'autre brigade.

On pourrait bien se demander si le lieutenant-général A n'eût pas bien fait de s'occuper davantage des dispositions prises par la 4ᵉ brigade, lors de sa première attaque. Il est certain que cette brigade n'aurait pas exécuté sa marche en avant, comme elle le fit, mais probablement comme elle l'exécute en ce moment. Cependant il ne faut pas se contenter de juger après les événements. Le général avait toute la division à diriger, et il ne pouvait prévoir d'avance où sa présence serait le plus nécessaire, si ce serait à la 3ᵉ ou à la 4ᵉ brigade. Des deux côtés, l'attaque avait de grandes difficultés à vaincre. Toujours est-il que l'on ne doit pas, en général, se borner à donner des ordres et à en surveiller l'exécution, mais qu'il paraît aussi convenable, dans certaines circonstances, de s'entretenir avec les officiers en sous-ordre sur les dispositions qu'ils vont exécuter, chaque fois qu'on en a le temps ou que les circonstances le permettent. Si le général de division s'était trouvé, par exemple, près du général-major C, avant qu'il ne commençât sa première attaque, il pouvait lui indiquer d'abord le bois avancé comme son point d'attaque précis, et il pouvait en même temps l'empêcher de marcher contre Neu-Rognitz.

Mais ici, il n'était pas possible que le général de division se mêlât ainsi à temps opportun des détails à tous les points importants. La division avait en effet trop d'étendue pour le permettre. Il a été déjà indiqué à la deuxième partie qu'en bataille rangée son front ne doit pas dépasser de beaucoup 2000 pas, si l'on veut encore pouvoir la manier en ordre et lui conserver la cohésion nécessaire. Mais, dans le cas présent, la ligne de bataille de la division, depuis la ferme située sur le chemin carrossable jusqu'au bouquet de bois qui s'avance en pointe sur la chaussée, dépassait 3000 pas. En faisant avancer les deux brigades d'une manière concentrique, elles pouvaient bien à la vérité *se prêter un appui mutuel*; mais quant à *donner un appui direct et immédiat* à la 4ᵉ brigade, la 3ᵉ brigade n'était nullement en situation de le faire. C'est pourquoi le général de division porte immédiatement aussi en avant la réserve de la 4ᵉ brigade, aussitôt après la prise du bois du chemin carrossable, jusqu'à hauteur de ce bois, d'où elle peut maintenant porter secours dans n'importe quelle direction, parce que l'étendue de la ligne de bataille de toute la division s'est réduite à 2000 pas, et que dans le terrain couvert où l'on se bat encore, les choses ne se décident pas aussi vite qu'en plaine.

Les autres dispositions du général de division concernent principalement le lieutenant-colonel Z, qui reçoit l'ordre de ne pas forcer la forte position, que l'ennemi occupe au sud du bois conquis, avant que l'entrée en action de la garde ne se fasse sentir. On ne pouvait certainement se croire maître sans partage de Neu-Rognitz, avant d'avoir refoulé aussi l'ennemi hors des bouquets de bois situés au sud-est ; il y a donc là encore un dernier but à atteindre, mais on n'y parviendra en tous cas, et sans perdre beaucoup de monde, qu'en liant intimement l'attaque avec le mouvement attendu de la garde contre le flanc de l'ennemi. Mais dès que l'ennemi prononce sa retraite, il n'y a plus de raison pour différer plus longtemps l'attaque ; il fallait, au contraire, presser vivement l'ennemi dans sa retraite dans le terrain couvert et lui causer encore un dommage considérable.

En ce qui concerne *les pertes*, il y a un fait particulier à remarquer, c'est que la troupe les exagère généralement, tandis que les chefs d'un rang

élevé les estiment au contraire trop bas. Après un
violent combat, on voit les bataillons qui se rassemblent ne former qu'un petit groupe; on reçoit
le rapport d'un ou deux officiers qui se trouvent
là et viennent vous dire : « voilà ce qui reste du
bataillon, 250 hommes. » En général, on pourra
les consoler en leur disant: « Demain, il y en aura
davantage pour manger la soupe. » On doit se
garder d'apprécier définitivement les pertes immédiatement après le combat ; il faut un don particulier pour les estimer avec une approximation
suffisante; il faut, pour cela, avoir pu observer
l'intensité du combat aux différents points, et tenir
compte de la nature des lieux, qui peut plus ou
moins favoriser l'efficacité du feu. Les morts restés
sur le champ de bataille pourraient tout au plus
offrir un point de repère pour un endroit déterminé ; mais pour savoir ce qu'on a perdu sur tout
le champ de bataille, il faudrait le voir en entier
et le lendemain matin une grande partie en aura
déjà peut-être été ensevelie.

Le général de division, *en faisant déposer les sacs*
à la 4ᵉ brigade d'infanterie, a pris une mesure, sur
laquelle les avis sont très partagés. On peut certainement se demander si un bataillon, qui se dé-
charge de son bagage, le reverra généralement, si
le combat prend une mauvaise tournure; même
en cas de succès, il pourra se passer des semaines,
avant qu'une troupe qui poursuit ne retrouve ses
sacs. On pourrait donc dire avec raison : ou bien
l'on peut en général se passer des sacs, et alors il

13

est inutile de les emporter, ou bien l'homme a besoin de son sac, et alors il ne faut pas l'en priver.
Cela n'est toutefois pas tout à fait exact. En principe, le sac est la propriété du soldat; on ne doit
donc le lui faire déposer qu'exceptionnellement et
seulement dans des occasions excessivement urgentes. Il ne s'en présente de telles que si l'on s'attend à des efforts extraordinaires ou si les forces
sont déjà tellement épuisées, qu'il faille employer
tous les moyens d'alléger les hommes, afin de les
ranimer et de les mettre en état de produire de
nouveaux efforts. Toutes les autres considérations
doivent alors disparaître devant celle-là, et, pour
atteindre le but poursuivi en ce moment, on doit
aussi songer sans cesse sur ce que pourront devenir les sacs plus tard [1]. Il faut cependant conseiller de mettre les sacs à terre pendant les grands
repos. C'est ce que la division n'avait pas manqué
de faire au rendez-vous de Parschnitz.

Il y a encore la question de *faire mettre pied à*

---

[1] Pour peu qu'on ait eu occasion de remarquer quel soula-
gement on procure à une troupe, en lui faisant déposer les
sacs après une marche fatigante, exécutée sous un soleil
brûlant et dans un terrain difficile, et avec quel élan cette
troupe marche alors au combat, on sera de cet avis. J'ai encore sous les yeux quelques compagnies de gros du 5e corps
à Nachod, qui pouvaient à peine continuer leur marche par
la chaleur brûlante; quand on voulait les exciter, les hommes vous répondaient : Oui, Monsieur le major, si nous n'a-
vions pas ce maudit azor sur le dos. Et quand ils eurent la
permission de déposer leurs sacs, on aurait dit qu'ils avaient
oublié complétement toutes les fatigues de la marche forcée,
qu'ils avaient faite sous le soleil de juin dans les montagnes.

terre aux officiers montés. Un bataillon déployé en colonnes de compagnie à intervalles, un régiment déployé ne peuvent se diriger facilement, que si le chef qui commande reste à cheval et s'il court à tout instant là où il a des ordres à donner, ou là où d'autres raisons rendent sa présence nécessaire. Mais cela a ses bornes. Si toute la troupe se trouve engagée sérieusement, ou si toutes les fractions y sont dispersées en tirailleurs, l'officier qui commande serait bien vite mis hors de combat, s'il restait à cheval au milieu de sa troupe. On peut donc bien admettre que les officiers montés doivent, en principe, rester à cheval, et qu'ils ne doivent mettre pied à terre que dans les cas, où ils ont à se tenir constamment dans la zone la plus efficace du feu. Il conviendrait de le préciser d'une manière particulière au commencement d'une guerre par un ordre général.

En attribuant réglementairement au commandant de la brigade, au colonel, au chef de bataillon, un aide-de-camp ou adjudant-major pour l'aider, on n'a pas suffi aux exigences qui ne tardent pas à se présenter, dès que ces corps se fractionnent et qu'ils prennent des intervalles plus ou moins grands. Nous ne sommes cependant pas assez riches en officiers, pour pouvoir satisfaire au désir parfaitement justifié d'un deuxième officier pour ce service. Il faut donc avoir recours à des ordonnances tirés du régiment de cavalerie divisionnaire. Cela n'est certainement pas agréable à ce régiment, mais on ne peut l'éviter. Pour limiter

autant que possible les abus, qui se produisent si
souvent à la guerre, en détachant *d'une manière
permanente* des officiers d'ordonnance ou des ordonnances, il est désirable de préciser d'avance,
dans les états de mobilisation, les emplois de ce
genre, qu'il est nécessaire de faire occuper d'une
manière permanente. Dans notre étude, on donne
provisoirement un aide-de-camp de division au
lieutenant-colonel Z pour le seconder.

Il y a beaucoup à dire sur le rôle des patrouilles
de cavalerie, tel qu'il a été présenté. On n'est généralement pas d'accord sur la manière d'envisager leur mission. Une patrouille doit relier deux
divisions; elle part, suit les mouvements, voit
tantôt les colonnes de l'une, tantôt celles de l'autre,
et après un tel manége, rentre heureusement
l'après-midi au bivouac de son régiment. Ce n'é-
tait pas la peine de l'envoyer pour cela; on aurait
tout aussi bien découvert sans elle les gros détachements ennemis, qui voudraient pénétrer entre
les deux divisions; leur mission doit donc avoir
d'autres buts. A quoi sert-il, par exemple, dans
notre étude, que la division dirige trois pelotons
du 3ᵉ régiment pour éclairer le pays entre Rudersdorf et l'Aupa, s'ils ne donnent aucun avis de ce
qui s'y passe? La manière dont se comportent ces
quatre-vint-dix à cent chevaux les rend complètement inutiles, car le lieutenant-général A reste
des heures entières sans renseignements sur les
mouvements de la garde de ce côté, qu'il lui importait tant de connaître, et il se voit, en fin de

compte, obligé d'envoyer d'abord un officier d'ordonnance, puis encore son officier d'état-major,
pour aller à la recherche de la garde et avoir des
renseignements sur le point où elle se trouve.

Ces deux pelotons de hussards devaient envoyer
des rapports sans interruptions; leurs rapports
auraient dû porter essentiellement sur les points
suivants :

1. Arrivé à × heure sur la ligne nn; il n'y a
   devant nous que de faibles patrouilles de
   hulans ennemis, qui se retirent dans la
   direction de y.

2. Événements jusqu'à x. Un escadron de
   hussards de la 1re division d'infanterie
   de la garde, venant de n, vient d'arriver ici et nous prévient que sa division
   est en marche de p vers q et se trouve
   en ce moment encore à 4 k. de q.

3. Tentative pour gagner le flanc droit des
   troupes engagées de l'ennemi. On a
   trouvé la lisière du bois près de n fortement occupée par de l'infanterie; à
   Staudenz, on aperçoit des masses, qui
   paraissent être fortes de 3 bataillons.
   L'avant-garde de la garde, composée de
   4 bataillons, 3 escadrons, 1 batterie, est
   déjà arrivée à x.

4. La batterie d'avant-garde de la garde vient
   d'ouvrir son feu de y contre une batterie

ennemie établie à Staudenz; l'infanterie
se déploie à *y* pour le combat, et va
prendre la direction de *v*.

5. L'infanterie d'avant-garde de la division de
la garde est engagée contre les bouquets
de bois situés au nord-est de Staudenz,
que l'ennemi a occupés, en débouchant
du village. Trois autres batteries de la
garde sont également en action; le gros
de la garde est en marche, et la tête est
déjà parvenue jusqu'à *x*. Le terrain entre Rudersdof et l'Aupa étant maintenant suffisamment couvert et observé
par la présence de la garde, je ne laisse
qu'un officier avec quelques ordonnances pour donner des avis ultérieurs sur
le cours du combat ici, et je ramène les
trois pelotons au régiment.

X., *capitaine.*

Il va de soi qu'il est indispensable d'indiquer le
lieu et l'heure à laquelle on fait partir ces rapports.

C'est ainsi ou d'une manière analogue que les
patrouilles de cavalerie doivent comprendre leur
mission; elles ne doivent pas courir en tous sens,
sans donner signe de vie. « Que pourrai-je bien
annoncer? Il n'y a aucun renseignement à donner ! » entend-on souvent dire. L'avis même qu'il
n'y a rien est pour le général d'une haute impor-

tance, sans compter que, par cet avis, il est encore certain que la patrouille se trouve là où elle doit être, et qu'elle ne perd pas de vue sa mission.

Les hussards de la garde que l'on a aperçus près du terrain, où combat la 4ᵉ brigade d'infanterie, n'ont pas mieux agi, en ne se présentant à aucun officier supérieur. Si l'on veut donner des renseignements exacts et complets d'un champ de bataille, il faut avant tout rechercher le général qui y commande ; il est en outre d'un grand intérêt pour ce général de recevoir également de son côté des avis venant de la troupe étrangère, qui a envoyé la patrouille.

C'est à cette fausse manière dont les hussards des deux divisions ont envisagé leur mission, qu'il faut attribuer l'impatience du lieutenant-général A qui, après avoir envoyé son officier d'ordonnance, expédie encore son officier d'état-major avec une mission presque identique. Cela paraît superflu, puisque l'officier d'ordonnance doit revenir d'un instant à l'autre ; il ne convient pas non plus de distraire l'officier d'état-major du service du champ de bataille dans de tels moments et pour de pareils buts.

Ajoutons encore, comme avertissement, que tout officier qui vient d'assister, comme ici l'officier d'ordonnance, à un combat malheureux, et qui est envoyé à un état-major étranger au sien, doit y veiller beaucoup sur son attitude personnelle. Qu'il y remplisse sa mission, qu'il donne les explications qui lui sont demandées, mais qu'il se garde bien d'y ajouter encore quelques vives descriptions, destinées à émouvoir sur le danger de la situation et sur les résultats fâcheux du moment. Ou bien il communiquera son trouble aux autres, ou bien si cet état-major ne se laisse pas griser par son récit, comme ce sera généralement le cas, il se rendra ridicule.

DÉTAILS RELATIFS AUX DIVERSES FRACTIONS DE LA DIVISION.

(De 2 h. 20 m. à 4 h.).

Il a déjà été question des détails relatifs à *la 4e brigade*, quand on a parlé du rôle qu'y a joué le général de division. Il ne reste que peu de choses à ajouter.

La marche en avant du bataillon de fusiliers et du 1er bataillon du 4e régiment contre le bois, situé au sud du chemin carrossable, devait se faire dans le sens d'une préparation à un nouveau combat. Le premier de ces bataillons porta en avant la 11e comp. déployée en tirailleurs à cheval sur le sentier sud; là elle se serra contre les convexités du terrain et appuya son aile droite au petit bouquet de bois isolé au nord de ce chemin. Le bouquet de bois fut lui-même occupé par la 10e compagnie, dont le peloton de soutien ouvrit le feu de la lisière sud. Pendant ce temps, les deux autres compagnies se placèrent à l'abri dans le fond qui se trouve près des deux bouquets de bois, situés sur le bord de la bande de prairies. La 2e compa-

gnie du 1er bataillon se déploya en tirailleurs au
nord du chemin carrossable ; la 3e compagnie au
sud ; les 1re et 4e restèrent en réserve au point où
le chemin traverse la bande de prairies. Un peu
plus tard, la 4e compagnie fut poussée dans le terrain au sud, pour assurer l'aile gauche ; elle y prit
position tout contre et derrière l'aile gauche de la
3e compagnie. Tandis que l'on embrassait ainsi le
bois occupé par l'ennemi sous le feu concentrique
de 10 pelotons, à environ 300 pas de distance, les
deux batteries de 6, ainsi que la première batterie
de 4, couvraient de projectiles l'intérieur du bois,
à une distance de 1100 à 1200 pas. Le trouble ne
tarda pas à se manifester chez les défenseurs de
l'angle nord-est ; la 3e compagnie en profita pour
brusquer une attaque qui réussit et lui permit de
pénétrer dans le bois. Les 2e et 11e compagnies
suivirent le mouvement et gagnèrent également
le bois ; le chef de bataillon empêcha la 4e compagnie d'y pénétrer, et lui prescrivit de se porter
vers le petit bois triangulaire, qui se trouve près
du ruisseau situé au sud et de couvrir ainsi le
flanc gauche. La 10e compagnie s'avança, sur ces
entrefaites, contre le deuxième bouquet de bois
qui se trouve près du chemin carrossable, mais
plus rapproché de Neu-Rognitz, et que l'ennemi
avait déjà évacué par suite du mouvement de cette
compagnie. L'infanterie ennemie fut successivement refoulée jusqu'au ruisseau et jusqu'aux prairies, qui s'étendent à l'ouest. Le général de division,
ayant prescrit au lieutenant-colonel Z de ne pas

forcer la position, qui était forte en cet endroit, mais d'attendre l'entrée en ligne de la garde, on ne laissa devant l'ennemi que les compagnies qui étaient déjà engagées et on retint en arrière les compagnies de réserve, qui les suivaient immédiatement.

Le combat avait continué pendant ce temps près du mamelon 572. Le peloton de la 3e compagnie du 3e régiment, qu'on avait envoyé dès le début dans cette direction, y avait rencontré une vive résistance et avait également battu en retraite, lors du mouvement rétrograde de son bataillon de l'autre côté de la bande de prairies. Après quelques minutes cependant, arrivèrent les 6e et 7e compagnies du 4e régiment, que le colonel G avait envoyées pour le secourir; le peloton se joignit à elles pour marcher en avant. L'ennemi se maintenait cependant avec une ténacité particulière dans la partie du contrefort faisant saillie; la 6e compagnie tout entière fut déployée en tirailleurs, sans pouvoir gagner davantage de terrain; la colonne de la 7e compagnie fut lancée à l'attaque, mais elle éprouva un échec complet; l'ennemi se décida enfin à prendre l'offensive contre l'aile gauche et détermina notre retraite de ce côté. Heureusement arriva en ce moment le renfort préparé par le général de division. Le lieutenant-colonel Z avait désigné pour ce renfort le reste des 5e et 8e compagnies du 4e régiment, afin de pouvoir réunir ainsi à son régiment, et replacer sous les ordres directs du commandant du régiment, le 2ᵉ bataillon qui avait jusqu'alors combattu séparé de lui. Les 6ᵉ et 7ᵉ compagnies purent dès lors être complètement déployées en tirailleurs, de sorte que la ligne des tirailleurs était forte de sept pelotons, en y comprenant le peloton du 3ᵉ régiment; les deux autres compagnies restèrent provisoirement en colonne serrée derrière l'aile gauche. Le général voulait éviter de les engager davantage, maintenant qu'on avait distinctement remarqué l'entrée en ligne de la garde à une distance de 1000 pas environ vers le sud-est.

Les diverses troupes de la 4ᵉ brigade d'infanterie occupaient alors, vers 4 heures, les positions suivantes :

Combattant en tirailleurs sur le bord du ruisseau, à l'est de l'extrémité sud de Neu-Rognitz : les 10ᵉ, 11ᵉ, 2ᵉ, 3ᵉ et 4ᵉ compagnies du 4ᵉ régiment; en arrière, comme soutiens, près des bois du chemin carrossable : les 9ᵉ, 12ᵉ et 1ʳᵉ compagnies du même régiment.

Combattant en tirailleurs à l'aile gauche, en face du mamelon 372 : Un peloton de la 3ᵉ compagnie du 3ᵉ régiment, les 6ᵉ et 7ᵉ compagnies du 4ᵉ régiment; en arrière, comme soutiens : les 5ᵉ et 8ᵉ compagnies du même régiment.

Formant réserve de la brigade au nord des bois du chemin carrossable : le 1ᵉʳ bataillon et le bataillon de fusiliers, ainsi que les 5ᵉ et 8ᵉ compagnies du 3ᵉ régiment.

Les 6ᵉ et 7ᵉ compagnies du 3ᵉ régiment combattaient avec la 3ᵉ brigade d'infanterie.

Les troupes de *la* 3ᵉ *brigade* qui combattaient
en avant, avaient pu, à la suite de leur combat
victorieux, prendre possession, à 2 h. 20 m., de
la partie nord de Neu-Rognitz, ainsi que des parties de bois à l'ouest du village, jusqu'au chemin
de Sorge à Neu-Rognitz ; le combat n'avait duré
que peu de temps, et cependant il s'était produit
parmi elles un pêle-mêle considérable dans ce terrain couvert. Dans les bouquets d'arbres à l'ouest
se battaient la 10ᵉ compagnie du 2ᵉ régiment, la
6ᵉ du 3ᵉ régiment, et, à côté, des fractions des 1ʳᵉ,
4ᵉ, 5ᵉ et 6ᵉ compagnies du 1ᵉʳ régiment. Dans la
partie nord de Neu-Rognitz, ainsi que des deux
côtés du village, combattait le reste de ces quatre
compagnies, mêlé avec des hommes de la 10ᵉ compagnie du régiment, et des 8ᵉ, 9ᵉ et 11ᵉ compagnies du 2ᵉ régiment. Le reste de ces dernières
compagnies, ainsi que le gros des 7ᵉ et 8ᵉ comp.,
du 1ᵉʳ régiment et de la 7ᵉ du 3ᵉ régiment étaient
restés dans le bois au nord-est de Neu-Rognitz.

Les événements survenus à la 4ᵉ brigade, l'échec
complet de son attaque, ne pouvaient manquer
d'exercer une influence considérable sur l'aile
gauche de la 3ᵉ brigade. Comme on s'attendait à
voir l'ennemi prendre l'offensive contre la partie
de la division qui avait été culbutée, on craignait
ici tout d'abord d'engager les réserves, pour continuer le combat à Neu-Rognitz. Ce ne fut qu'a-
près qu'on eût reconnu que l'ennemi ne poursuivait pas l'aile gauche, que le général-major B
reporta son attention sur la mission, qu'il avait à

remplir. Après avoir examiné avec soin, dans l'intervalle, le terrain et la situation en face de lui, il ordonna au colonel D de porter son régiment (1er) en avant dans les bouquets de bois à l'ouest de la grande route et de là de chercher à envelopper Neu-Rognitz par le milieu et par le sud. Le colonel E (2e régiment), de son côté, dut pénétrer plus avant dans l'intérieur et à l'est du village ; il devait toutefois, avant de faire sa dernière attaque, attendre encore l'effet de la 2e batterie de 4, qui venait de se mettre en batterie à l'angle nord-est du bois et dirigeait son feu sur le milieu et la partie sud du village.

A l'ouest de la grande route, le combat ne tarda pas à devenir très vif, quand le colonel D y eut envoyé aussi les 2e et 3e compagnies de son régiment. Grâce à cette nouvelle impulsion donnée à la ligne de bataille, on parvint à refouler aussi l'ennemi successivement hors du bois situé au sud du chemin de Sorge à Neu-Rognitz. De ce point, on pouvait dès lors cribler de balles le milieu du village. Cependant l'artillerie ennemie s'étant remise en batterie, on ne put déboucher de la lisière du bois pour aborder la partie sud du village. Cette artillerie, forte de 3 batteries, était en position sur la hauteur 635 ; les petites parties de bois qui entouraient le sommet, étaient fortement occupées par des troupes fraîches d'infanterie. L'infanterie ennemie, qui avait été repoussée, se retira sous la protection d'un feu violent ouvert de la hauteur, tandis que notre infanterie subissait des pertes considérables, sous une grêle d'obus qui tombaient dans le bois. Le colonel D, après avoir vu échouer encore l'attaque des 9e et 12e compagnies contre la partie sud du village, se vit à la fin obligé de défendre sévèrement de déboucher de la lisière; il organisa l'occupation de cette lisière avec les troupes avancées et retira toutes les autres dans le terrain conquis près de la carrière, pour tâcher d'y remettre un peu d'ordre.

Dans l'intérieur de Neu-Rognitz, les troupes qui y avaient pénétré s'étaient heurtées, sans pouvoir avancer, contre de fortes barricades qui avaient été élevées dans le prolongement du chemin de Sorge; il devint nécessaire de pénétrer aussi à l'est du village. Le général-major B en donna l'ordre avec d'autant plus de raison, qu'à 2 h. 45 m. arrivait un aide-de-camp de la division, chargé de lui prescrire de poursuivre avec la plus grande vigueur les avantages obtenus. En même temps arriva la compagnie de pionniers, dont les travaux à Hohenbruck étaient devenus superflus, depuis que le combat s'était porté plus loin; elle fut placée sous les ordres du colonel E (2e régiment) pour soutenir l'attaque. Le colonel confia la lisière du bois situé au nord-est de Neu-Rognitz aux troupes, qui se trouvaient dans le bois, et ensuite il porta sa réserve en avant, peu après trois heures : en première ligne marchaient les 5e et 6e compagnies, suivies des pionniers; en deuxième ligne, les 12e et 7e compagnies; ces troupes, débordant le bois à gauche et en arrière

du bois, longèrent la lisière Est et se portèrent
contre le point où le sentier nord entre dans le
village. L'attaque réussit et avec d'autant plus
de facilité, qu'elle était soutenue par un feu violent de l'aile droite, venant de la lisière de la forêt située à l'ouest du village. Les compagnies
avancées avaient chacune deux pelotons en tirailleurs ; elles pénétrèrent des deux côtés du chemin
dans le village ; une partie des pionniers prit au
nord et déblaya la barricade, qui était encore battue par le feu de l'ennemi ; une autre partie se
partagea l'assaut des fermes voisines, et on mit
aussitôt en état de défense la plus importante, située au débouché du chemin carrossable, pour
servir de réduit ; un peloton de la compagnie l'occupa provisoirement. Après que les 5e et 6e compagnies furent entrées dans le village, la 7e
avait encore fait quelques centaines de pas en dehors de la lisière du bois, et y était alors entrée à
son tour, en enveloppant la ligne de défense de
l'ennemi. La 12e compagnie fut retenue d'abord
par le commandant du régiment. Après quelques
pourparlers avec le général de brigade, qui avait
fait avancer le 1er bataillon du 2e régiment jusqu'à
la sortie nord de Neu-Rognitz, cette compagnie
fut ensuite destinée à occuper la partie nord du
village ; toutes les autres troupes reçurent l'ordre
de se rassembler dans le terrain conquis à l'est de
là. On dirigea aussi sur ce point tous les détachements qui étaient restés jusque-là dans le bois situé au nord-est. Sur ces entrefaites, les 3 compa-

gnies du 2ᵉ bataillon et les pionniers avaient réussi à refouler l'ennemi de la partie sud du village, en faisant beaucoup de prisonniers parmi les détachements isolés, qui cherchèrent à tenir dans les maisons jusqu'au dernier moment. Le feu violent de l'artillerie ennemie ne permit pas de dépasser la lisière du village. Une partie des pionniers essaya néanmoins de mettre en état de défense la partie sud de l'enceinte ; une autre partie s'efforça d'éteindre le feu, qui avait déjà pris à plusieurs bâtiments. La 5ᵉ compagnie occupa les maisons situées à l'ouest de la chaussée, la 6ᵉ compagnie occupa celles qui sont situées à l'est, et la 7ᵉ compagnie fut placée en réserve sur la chaussée même, à l'embranchement du chemin carrossable. Un peloton de cette dernière y reçut l'ordre de ramasser les armes et de mettre en sûreté les blessés ennemis, qui se trouvaient en grand nombre dans les maisons qui brûlaient ; un deuxième peloton fut employé à occuper la ferme, qu'on avait destinée au réduit.

En ce moment, *la 3ᵉ brigade* ne disposait plus que de trois fractions, qui se trouvaient encore dans la main de son chef: le 1ᵉʳ bataillon du 2ᵉ régiment, avec la 12ᵉ compagnie, les 3 compagnies du 2ᵉ bataillon, qui avaient occupé l'extrémité sud de Neu-Rognitz, conformément à l'ordre donné, et les 9ᵉ et 12ᵉ compagnies du 1ᵉʳ régiment, qui s'étaient retirées, après leur échec, jusqu'à 400 pas au sud-est de Sorge. Tout le reste de la brigade était pêle-mêle ou dispersé en divers petits groupes. L'ennemi s'était décidé à évacuer la position, dans laquelle il s'était maintenu jusqu'a-lors ; mais on ne pouvait songer à le presser da-vantage aux abords ni à l'ouest du village, car il avait pris en face de nous une nouvelle position, qui empêchait de le faire, et de plus, il était pres-que impossible, en ce moment, d'appuyer le mou-vement avec notre propre artillerie. Le général-major B s'occupa alors de donner tous ses soins à rassembler rapidement les troupes, lorsque son attention fut attirée par l'approche du général de division ; il se rendit vers lui immédiatement. (Il allait être 4 h.).

Le 4e escadron, qui n'avait trouvé aucune occa-sion d'agir pendant la dernière phase du combat, s'était efforcé, pendant ce temps, de rechercher son régiment. Il le rencontra à la réserve de la 4e brigade, près des bois du chemin carrossable ; le général-major B l'autorisa à s'y réunir aux au-tres escadrons. Le régiment se trouva avoir alors environ 250 chevaux.

A l'artillerie divisionnaire, le major J avait reçu à 2 h. 15 m., du général de division, l'ordre de concentrer principalement son feu sur les bois du chemin carrossable, sans cependant interrom-pre la canonnade du village. Il chargea la 2e bat-terie de 4 de tirer sur le village ; cette batterie s'en acquitta avec succès. Il canonna les bois avec les autres batteries, et afin de produire plus d'ef-fet, il plaça la 1re batterie de 4 de son aile droite près des fermes du chemin carrossable dans une

14

position, qui permettait de prendre davantage l'ennemi en flanc. Le feu croisé des dix-huit pièces, relié au feu des tirailleurs du 4e régiment, ne pouvait manquer de produire son effet et d'ébranler les défenseurs des bois, qui tombèrent dans nos mains. En ce moment, on ne pouvait plus faire agir l'artillerie que plus en avant : les pièces de la 2e batterie de 4, puis les deux batteries de 6 amenèrent successivement leurs avant-trains; leurs chefs les précédèrent, pour trouver un champ de tir convenable ; mais, pour le moment, il n'y en avait pas. Le général-major B avait en même temps envoyé l'ordre à la 1re batterie de 4 de se porter vers le mamelon 572 pour soutenir les troupes qui formaient l'extrême gauche de la division et qui étaient encore très vivement engagées.

CONSIDÉRATIONS SUR LE COMBAT DES DIVERSES FRACTIONS DE LA DIVISION.

(De 2 h. 20 m. à 4 h.).

Le combat dans cet espace de temps présente un tout autre caractère que dans les moments précédents. On attend plus longtemps, avant d'engager de nouveaux renforts; on recherche avec une précaution particulière les points sur lesquels on dirige les troupes; les essaims de tirailleurs font un meilleur emploi du terrain; on ne déploie, dès le début, que quelques pelotons; les attaques elles-

mêmes ne se font pas sans avoir été préparées par
l'artillerie, et partout on laisse à celle-ci le temps
suffisant pour les préparer d'une manière judi-
cieuse. Il en sera toujours ainsi, dès que la première chaleur du combat sera passée; on a vu que
la chose n'est pas cependant aussi facile et qu'on
n'arrive pas toujours au but par une simple attaque de vive force; on craint alors de faire des
pertes inutiles et l'on cherche à atteindre le résultat, en ménageant le sang et la vie de ses soldats. Il n'y a que les troupes, qui n'ont eu sous les
yeux que des phases heureuses du combat et n'ont
rien fait encore, ou celles qui ignorent encore ce
que c'est qu'une bataille, qui puissent se laisser
entraîner à des attaques inconsidérées, comme les
9e et 12e compagnies du 1er régiment. Mais celles
qui ont déjà été témoins des difficultés du combat,
s'engageront avec plus de précaution, ainsi que
le firent ici le 1er bataillon et le bataillon de fusiliers du 4e régiment.

Dans la description du dernier acte du combat,
on a essayé de faire ressortir l'action dissolvante
que produit le combat, quand il s'agit de bois,
fermes, etc.; mais on a cru en même temps d'un
grand intérêt de montrer quelle activité les officiers
doivent déployer pour remédier à cette action dissolvante, en ramenant toujours leurs troupes dans
la main, pour pouvoir les diriger en général et à
temps opportun. C'est un fait particulier à remarquer dans le combat, fait qui s'est souvent
manifesté chez nous, qu'après avoir surmonté

victorieusement des phases difficiles, on songe à toute autre chose qu'à rétablir les unités dissoutes et à reformer les masses pour les employer de nouveau en ordre. C'est une des missions les plus importantes des officiers qui dirigent les troupes, de ne jamais perdre ce devoir de vue, non seulement après quelques moments difficiles du combat, mais encore pendant l'action. Dans le cas présent, la chose était d'autant plus facilitée, que la défense en général manquait complètement d'énergie, quoiqu'elle fût cependant obstinée en certains points dans la dernière heure et demie; dans cet espace de temps, en effet, il y eut à peine un seul mouvement offensif des réserves pour soutenir la défense passive, ainsi qu'on l'avait fait souvent dans les moments précédents. La défense est par conséquent à bout de forces, ou bien, ce qui paraît plus vraisemblable, d'autres considérations, peut-être étrangères au champ de bataille spécial, déterminent maintenant l'ennemi à évacuer immédiatement la position qu'il avait occupée jusque là.

APPENDICE.

REMARQUES SUR LES 1re, 2me ET 3me PARTIES DES ÉTUDES SUR L'ART DE CONDUIRE LES TROUPES.

J'ai l'intention de faire suivre les trois parties déjà parues d'une quatrième, qui terminera les événements du 27 juin et embrassera les dispositions à prendre après le combat, bivouacs, remplacement des munitions, subsistances, etc., mais principalement le service d'avant-postes, sur lequel les avis sont encore si partagés.

Mais mes occupations actuelles ne me permettent pas, comme elles l'avaient fait jusqu'ici, de faire paraître cette fin de la première étude aussitôt que l'enchaînement de l'ouvrage pourrait le faire désirer.

Je crois donc devoir ici indiquer clairement, dès maintenant, les projets que j'avais principalement en vue, en rédigeant ce travail.

Je me proposais d'abord de tracer à l'étude de la tactique d'autres voies que celles qui ont été suivies jusqu'ici.

Je voulais ensuite mettre en même temps à la portée d'un plus grand nombre d'officiers des enseignements qui sont puisés dans les dernières guerres, et qui ne sont pas tout à fait d'accord avec les opinions antérieurement admises.

En ce qui concerne l'étude de la tactique, les jeunes officiers peuvent difficilement se passer de la tactique élémentaire ou appliquée, telle qu'elle est exposée dans nos vieux livres classiques. Il me paraît désirable cependant que ces ouvrages soient plus appropriés à l'époque actuelle et ne donnent que le nécessaire pour apprendre d'une manière générale le rôle des diverses armes, soit qu'elles agissent isolément, soit qu'elles agissent combinées ensemble, ainsi que pour apprendre l'essence de la guerre. Nous y parviendrons certainement avec le temps.

Mais là ne doit pas se borner l'instruction militaire des officiers; chacun de nous doit se convaincre que tous, à tous les degrés de la hiérarchie, nous ne devons pas nous contenter des exercices pratiques pour développer notre instruction. Pour le faire avec fruit, nous devons précisément réfléchir sur ces exercices avant et après, nous devons, dans toutes les positions de service, consacrer le plus de temps possible à compléter notre instruction théorique. C'est pour cela que Frédéric-le-Grand donnait à ses généraux une instruction qui embrassait tout; le développement colossal de nos armées ne le permet plus aujourd'hui, mais il faut y remédier autrement, car nous avons tous besoin de compléter nos connaissances théoriques. Plus une armée est prête au sacrifice, plus elle a droit d'exiger de chaque officier une direction éclairée et intelligente, soit qu'il commande un peloton ou qu'il soit à la tête d'une armée.

Tout officier doit donc se préparer d'avance ; mais à quoi sert-il que l'officier subalterne s'occupe seul et seulement des opérations d'une armée, ou de la direction d'une bataille ? Ne lui importe-t-il pas davantage, en tous cas, de borner d'abord son étude aux situations, où il peut se trouver à la guerre à la tête de son peloton ou de sa compagnie, si le capitaine vient à manquer, peut-être même à la tête d'un bataillon, si les circonstances l'y amènent. Mais les points, qui doivent attirer l'attention des officiers, depuis le chef de peloton jusqu'au général en chef, varient essentiellement avec la nature de leur commandement. Il faut donc, avant tout, que chacun apprenne comment il doit se conduire à la tête de la troupe qu'il commande, ce à quoi il doit veiller relativement à la discipline, aux soins hygiéniques, à la distribution et à la préparation des vivres, etc., il faut qu'il apprenne son rôle dans le combat, et dans quelles situations il peut se trouver, en général, à la guerre. Cela ne s'apprend pas par cœur ; car les circonstances à la guerre sont trop variables et trop diverses ; mais on peut bien, ainsi que nous l'avons déjà exprimé en détail dans la préface, exercer l'intelligence, élargir le cercle de nos idées, et gagner ainsi en pratique au moyen de l'intelligence. Dès qu'on a obtenu ce résultat pour un grade, on peut étudier ce qui concerne le grade qui le suit, et ainsi de suite jusqu'au plus élevé.

Pour y parvenir convenablement, chacun a besoin d'un guide, et à cet égard nos livres et nos méthodes tactiques ne peuvent aider ni d'une manière suffisante, ni d'une manière pratique. Il me semblait donc qu'il y avait ici une grande et importante lacune, et qu'il fallait en même temps indiquer le moyen de la combler. Tel était le premier but de ce travail.

Je désirerais, en conséquence, voir élargir le plus possible les bases, sur lesquelles reposent aujourd'hui la tactique et la stratégie, et compléter ces deux branches des sciences militaires par un *enseignement relatif à la conduite des troupes*. Un tel enseignement devrait commencer par la conduite des petites fractions de troupes, depuis le peloton, la compagnie, et embrasser successivement tous les degrés de la hiérarchie militaire jusqu'à la direction de l'armée, mais en même temps il apprendrait comment les troupes doivent être conduites quand elles sont isolées, ou qu'elles font partie de grands corps de troupes.

Certainement le sens qu'on attache aux expressions de tactique et de stratégie, perdrait l'importance qu'elles ont eue jusqu'aujourd'hui, et toutes deux se réduiraient à ce qu'elles doivent être dans leur sens propre, c'est à dire une introduction à l'instruction militaire des officiers.

Mais un tel travail est au dessus des forces d'un seul homme; sans parler du temps qu'il exigerait, il demande des expériences pratiques et des connaissances concernant tous les degrés du commandement, connaissances qui ne se trouveront jamais réunies chez une seule personne.

Mais un pareil système peut bien s'établir par le concours de beaucoup d'individus, dont les travaux seraient indépendants les uns des autres. A cet effet, il peut toujours bien se produire des centaines d'ouvrages sur un seul et même sujet, par exemple, sur le commandement d'un bataillon à la guerre; plus il y en aura, mieux cela vaudra; les idées s'éclairciront d'autant plus et d'autant mieux, que la préparation pratique aura été plus complète.

Le but principal que je m'étais proposé était d'engager dans cette voie ceux de mes camarades qui aiment à écrire, afin que nous puissions enseigner et apprendre de préférence ce que notre vocation militaire exige de nous en campagne. Que chacun s'élance donc sur le terrain qui lui est le plus familier, sur lequel il a fait lui-même la plus riche expérience de la guerre, et alors nous tracerons non seulement à la tactique et la stratégie passées de nouvelles voies en rapport avec notre temps, mais nous rendrons encore plus de services à l'instruction militaire dans l'armée, qu'en employant notre activité à écrire des traités théoriques. Ce système pourra même s'employer dans une certaine mesure pour l'instruction militaire des sous-officiers.

L'étude présente s'occupe principalement de *la division faisant partie d'un corps d'armée;* mais elle ne s'est pas maintenue complètement dans les limites de ce cadre ; elle peut bien indiquer la méthode à suivre, mais elle ne saurait nullement se poser comme modèle. Si l'on retranchait tout ce qui ne se rapporte pas strictement à la conduite de la division, il ne resterait guère qu'un tiers du travail de l'extension que nous lui avons donnée. Mais si je suis entré dans les détails des fractions inférieures de la division, et si j'ai élargi ainsi le cercle, que le titre de cette étude semblait m'avoir tracé, c'est parce que je voulais rendre accessible à un plus grand nombre d'officiers les enseignements de la guerre, principalement ceux qui étaient en contradiction avec les anciens errements. Je m'y croyais particulièrement obligé, parce que l'histoire de la campagne de 1866, dont j'ai été chargé en compagnie de quelques-uns de mes camarades, à l'aide des documents fournis par les corps, m'a permis de rassembler des enseignements théoriques sur une vaste échelle et a mis à ma disposition de riches matériaux sur ce sujet. Je cherchai d'abord à développer ces enseignements et à les faire prévaloir dans les leçons, que j'ai professées à l'Académie militaire ; le désir d'en mettre une partie à la portée d'un plus grand nombre d'officiers me dicta alors le plan de ces études, dont la première partie parut avant la campagne contre la France.

Dans le temps qui s'est écoulé depuis cette guerre, je n'ai pu étudier les nouveaux résultats d'une manière aussi complète et avec la même richesse de documents, que je l'avais fait jusqu'alors. De plus, la position que j'occupais pendant la campagne a porté mes expériences personnelles sur un tout autre terrain que celui qui sert de base à ces études [1]. J'indique ces deux points pour prévenir encore une fois, vu l'accueil que ce travail a reçu jusqu'aujourd'hui et dont il a lieu de se féliciter, de ne pas regarder toutes mes assertions comme incontestables. Plus le lecteur appliquera ses propres idées et son expérience personnelle aux diverses phases que nous avons décrites et aux enseignements que nous avons présentés, et plus il fera naître de rectifications et de nouvelles appréciations, plus je croirai avoir atteint mon but. J'ai toujours pris pour base dans ce travail la manière dont j'ai envisagé les choses à la guerre, quoique sur certains points la position que j'occupe ne m'eût pas permis de pratiquer de près tous les détails, et pour les apprécier, j'ai dû me borner à l'observation, plus souvent même à la méditation, quelquefois à mon sentiment et à mon imagination. Mon but principal reste tel que je l'ai conçu : créer et propager la méthode proposée ici comme méthode d'enseignement; que cette méthode soit parfaitement conforme à l'expérience et exempte de tout défaut, on ne saurait le prétendre, quand il s'agit d'un sujet aussi difficile que l'art de conduire les troupes.

J'ai pu reconnaître jusqu'ici, en passant, comme justes les quelques observations faites par la cri-

[1] Le colonel de Verdy était pendant la campagne de France attaché à l'état-major général du général de Molkt.

tique; je répondrai dans la dernière partie à celles qui auraient pu m'échapper dans cette troisième partie. On m'a encore reproché, avec raison, de n'avoir pas pensé au jeu de la guerre comme un moyen des plus utiles à l'instruction militaire des officiers. J'en suis moi-même un des partisans les plus enthousiastes et si j'ai omis d'en parler ici, comme c'était le lieu, c'est parce que j'avais et que j'ai encore l'intention de publier d'autres travaux relatifs à tout ce qui concerne l'enseignement pratique à donner aux officiers pour les préparer à la guerre.

Ces travaux comprendront :

L'emploi du jeu de la guerre, les travaux d'exercice sur le terrain et l'étude de l'histoire de la guerre.

Königsberg, avril 1873.

V. VERDY.

FIN

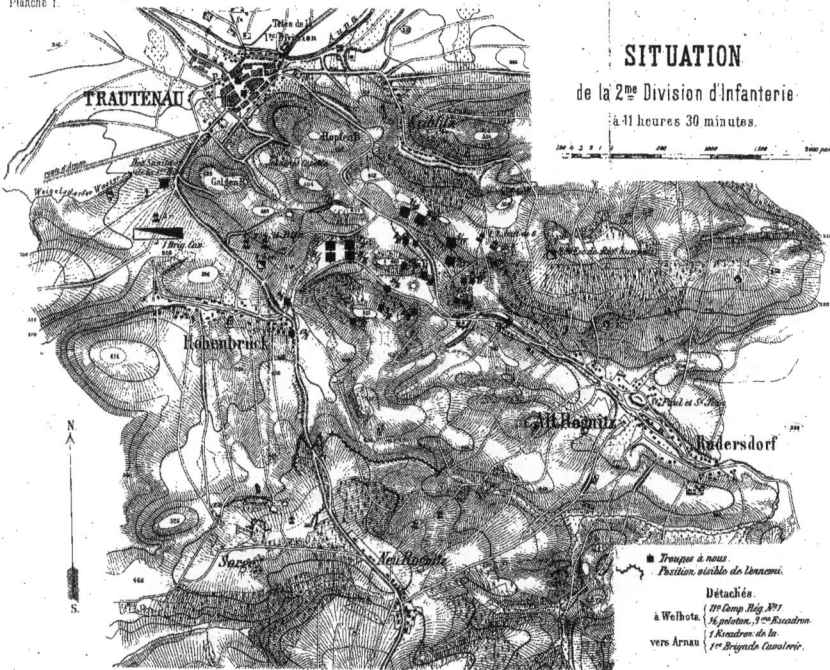

Planche 1.

SITUATION
de la 2ᵐᵉ Division d'Infanterie
à 11 heures 30 minutes.

TRAUTENAU

Têtes de la
1ʳᵉ Brigade

Hohenbruck

Alt Rognitz

Rudersdorf

St Paul et St Jean

N

S.

Troupes à nous.
Position visible de l'ennemi.

Détachés.
à Welhota.
vers Arnau

2ᵉ Comp. Rég. N°1.
½ peloton, 3ᵐᵉ Escadron.
1 Escadron de la
1ʳᵉ Brigade Cavalerie.

Verdy du Vernois. III.

C. Muquardt.

Situation du combat à 1 heure 45 minutes.

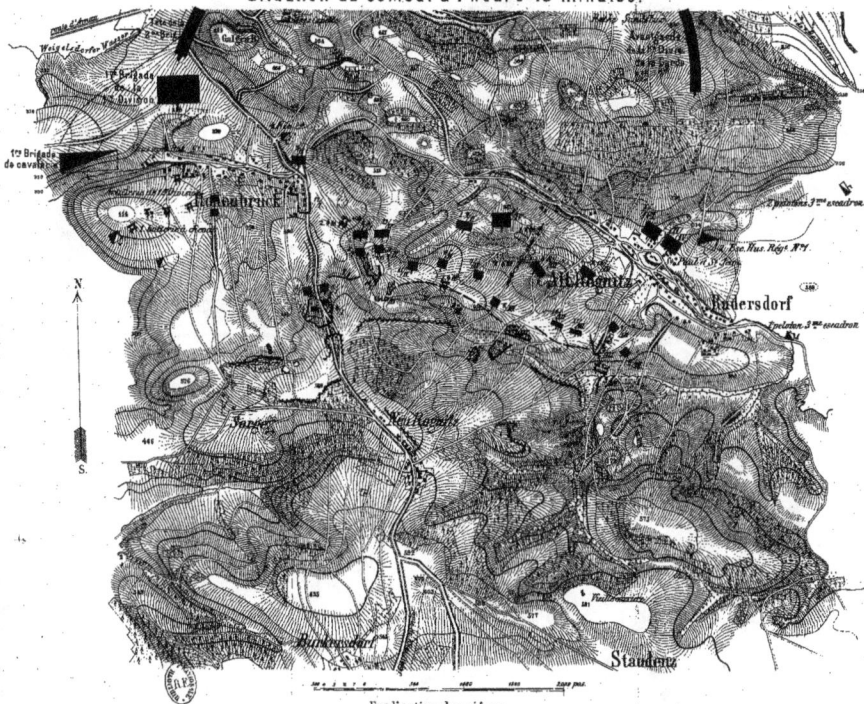

1ᵉ Brigade
de la
2ᵉ Division

1ᵉ Brigade
de cavalerie

N

S.

Schönbrück

Galgenitz

Radersdorf

Narsen

Neu Ruczadt

Bankersdorf

Staudenz

Explication des signes.

◼ *Troupes à nous.* ∿∿∿ *Position visible de l'ennemi.*

Verdy du Vernois III.

C. Muquardt.

NOUVEAUTÉS MILITAIRES DE C. MUQUARDT

HENRY MERZBACH, SUCCr, ÉDITEUR A BRUXELLES

Fr. C.

|MONT (colonel). Fortification improvisée, 2e édit. in-16, avec planches 3 50

La fortification à fossés secs. 2 vol. gr. in-8o, avec un atlas in-fol.. . . . . 45 »

|AGNE DE METZ, par un général prussien, avec carte (2e édition) 871) 1 50

|NEY (colonel). Études sur la campagne de 1815. Waterloo, |-8o avec une carte 7 50

|INIÈRES DE NORDECK (gén.). CAPITULATION DE METZ. Réponse à es détracteurs, in-8o (2e édition). 1 50

|DENART (major). La guerre sous marine. Les torpédos, in-16 vec 2 planches (1872) 2 50

|FORMANOIR (capit. d'ét.-maj.). Les chemins de fer en temps de uerre, avec gravures, in-16 (2e éd.) (1872) 1 50

Étude sur la tactique de la cavalerie, in-16 avec 21 gravures. 1872) 3 50

|RUYDTS (cap.). Les ponts militaires, in-16 avec pl. . . . 1 50

| DE CHARTRES. Champs de bataille du Rhin, in-16. . . . 2 50

|LOI DE L'ARTILLERIE rayée en campagne, in-16, (épuisé) . . 1 »

|, CH. (lieut.-col. d'ét.-major). Journal d'un officier de l'armée u Rhin, 4e édit., avec carte, in-8o (1872). . . . . 5 »

|CH (capit., répétiteur d'art militaire et de fortification à l'école militaire de la Belgique). Études sur la tactique. Matières d'examen du programme B pour les lieutenants d'infanterie. | vol. in-12, avec 10 pl. 3 50

|CHER, Étude sur l'emploi des corps de cavalerie au service de sûreté des armées, in-16 avec gravure (1872) . . . . 1 »

|ARD (capit.). Construction et emploi des défenses accessoires, n-16 avec planches 1 50

|TBY (capit.). Essai sur les ponts mobiles militaires, in-8o avec planches 7 50

|TBY, AUG. (major). Du pain et des différents modes et systèmes employés pour sa fabrication. 1 vol. gr. in-8o, avec 2 pl. (1872) 3 »

|ERRE FRANCO-ALLEMANDE DE 1870-1871, SOUS LE ROI GUILLAUME, par un off. d'ét.-maj. prussien, trad. de l'all. par L. de Dieskau, cap. d'ét.-maj., et G. A. Prim, lieut. d'inf. 1re et 2e parties. (1872) . . . . 12 »

|AFT (gén.) HOHENLOHE-INGELFINGEN (prince de). Idées sur les siéges. Conférences données le 15 mars 1872, à la Société militaire de Berlin. Traduit de l'allemand par G. A. Prim, lieutenant d'infanterie. In-8o.. . . . . 1 50

Fr. c.

Bᵒⁿ LAHURE (cap. d'état-major). La cavalerie et son armement
depuis la guerre de 1870. In-16 (1873), 2ᵉ éd. contenant un aide-
mémoire à l'usage des officiers de cavalerie en reconnaissance. 3.50

REUTER (lieut.). Reconnaissances et dialogues militaires à l'usage
des Officiers et sous-Officiers de toutes armes, en campagne
ou Vade-mecum indispensable de l'officier en campagne, en
français, flamand et allemand (l'allemand en lettres françaises).
Un vol. in-16 (1872) 2

ROMBERG, H. (maj. d'artillerie). Études sur les fusées, 3 vol. gr. in-
8° avec pl. 7.50

— Recherches théoriques et pratiques sur les fusées pour projectiles creux. Description des fusées à double effet. Grand in-
8° avec planches (1871) 12

— Appendice aux Recherches sur les fusées : Fusées prussien-
nes. Modifications proposées. In-8° av. pl. 2

TABLEAU HISTORIQUE DE LA GUERRE FRANCO-ALLEMANDE, 15 juillet 1870
au 10 mai 1871, 1 gr. volume in-8° (1872) 10

TROIS MOIS A L'ARMÉE DE METZ, par un officier du génie. In-8° avec
une carte des opérations, 2ᵉ édition (1871) 3

TERWANGNE (général). Des Chaudières à foyer intérieur et du Système de Centralisation appliqué au ménage des troupes. in-
16 avec 3 pl. 2.50

VANDE VELDE (colonel). La guerre de 1866, in-8° avec 3 gr. cartes. 6

— La tactique appliquée au terrain, 2 vol. in-8° avec atlas . . 15

— La guerre de 1870-1871, gr. in-8° avec planches.

VAN HOLSBEEK, H. (docteur, médecin en chef des ambulances belges
pendant la guerre) Souvenir de la guerre franco-allemande,
considérations au point de vue hospitalier et chirurgical.
2ᵉ édition. 1 vol. in-8°, avec un plan de l'hôpital-baraque. . 2

VANKERCKHOVE et ROUEN (cap.). Description de la place et du camp
retranché d'Anvers, in-16 avec 4 cartes 2

VERDY DU VERNOIS (lieut. col. à la suite de l'état-major de l'armée
prussienne, etc.). Études sur l'art de conduire les troupes. 1ᵉ
et 2ᵉ sections. in-16 avec 4 pl. (traduit de l'allemand par le
cap. A. Masson) (1872) 3

WALTON. Armées permanentes et armées formées de volontaires,
suivi de quelques propositions relatives à l'infanterie. in-8°
avec planches 2

WAUWERMANS (major) La science du mineur, mines militaires. in-
8° avec planches 4

— Les machines infernales dans la guerre de campagne. in-16
avec planches. (épuisé)